Stimmen zum Buch

»Ich habe ENDSPIEL innerhalb eines Tages verschlungen und möchte mich zutiefst für Florian Homms Mühen bedanken. Ich stehe am Anfang meines Lebens und konnte von seinen geschilderten Erfahrungen sehr profitieren. Seine positive Einstellung und Stärke sind bewundernswert, ich bin gespannt auf weitere Publikationen.«
P. Brohl

»Nach Kopf Geld Jagd und ENDSPIEL war ich im ›Homm Fieber‹, was mich dazu führte, alle erhältlichen Berichte zu lesen. Das mag konträr klingen, aber Florian Homm ist ein Vorbild für jeden jungen Mann.«
D. Konstantin

»Florian Homm ist ein einzigartiger Charakter und zweifellos facettenreich. Er ist mir trotz einseitiger und verzerrter Medienberichte seit Jahren ein Begriff, seine Ratschläge vor allem an die jüngere Generation sind unbezahlbar. ENDSPIEL ist ein must-read für jeden, dem seine Zukunft wichtig ist.«
T. Rager

»Ich sage Ihnen wie es ist: ENDSPIEL soll primär dazu dienen, Menschen zu helfen und Sie zu bereichern. Das imponiert und inspiriert! Florian Homms Kompetenz und sein Kampfgeist sind respektabel und dass ich dieses Buch innerhalb eines Tages gelesen habe, spricht für sich.«
G. Mariani

»Seit drei Jahrzehnten verfügt Homm, Deutschlands kontroversester Financier, über eine exzellente Performance in miserablen Wirtschaftslagen. ENDSPIEL erklärt leicht verständlich für jedermann, wie die Insider von der kommenden Wirtschaftskrise profitieren werden, und wie Sie Ihr Vermögen vor einer drastischen Entwertung und einem raffgierigen Staatsapparat schützen sollten.«
David G., Hedgefondsmanager, Nostro Händler, Cayman Islands

»In ENDSPIEL erklärt Homm anschaulich und überzeugend, warum wir auf ein unausweichliches Finanz- und Wirtschaftsdebakel zusteuern. Nur eine Frage ist relevant: Sind sie optimal vorbereitet? Das bezweifle ich. Somit ist Homms ENDSPIEL absolute Pflichtlektüre für Sie.«
C. Evans, ehemaliger Investmentbanker, Investor, London

»Ein Insider packt aus. Endlich ein unbefangener Blick hinter die Kulissen der Macht. ENDSPIEL erklärt glasklar, wie Sie von Geldadel und Politik vorgeführt werden und was Sie dringend dagegen unternehmen sollten. Möglichst noch heute!«
M. Hartmann, Berlin, Referendar

Florian Homm

Gublan Dağ
Sesij Dağ
Michael Uhlemann

ENDSPIEL

Wie Sie die Kernschmelze des Finanzsystems sicher überstehen

Bibliografische Information der Deutschen Nationalbibliothek
Die Deutsche Nationalbibliothek verzeichnet diese Publikation in der Deutschen National-
bibliografie. Detaillierte bibliografische Daten sind im Internet über **http://dnb.d-nb.de**
abrufbar.

Für Fragen und Anregungen:
info@finanzbuchverlag.de

3. Auflage 2016

© 2016 by FinanzBuch Verlag,
ein Imprint der Münchner Verlagsgruppe GmbH,
Nymphenburger Straße 86
D-80636 München
Tel.: 089 651285-0
Fax: 089 652096

Redaktion: Silvia Kinkel
Lektorat: Sonja Rose
Umschlaggestaltung: Stephanie Druckenbrod
Umschlagabbildung: corbisimages
Satz: inpunkt[w]o, Haiger
Druck: GGP Media GmbH, Pößneck
Printed in Germany

ISBN Print 978-3-89879-962-1
ISBN E-Book (PDF) 978-3-86248-874-2
ISBN E-Book (EPUB, Mobi) 978-3-86248-876-6

Weitere Informationen zum Verlag finden Sie unter
www.finanzbuchverlag.de

INHALT

DANKSAGUNG

Ich bedanke mich jeden Tag bei Gott, Jesus und Maria, dass ich noch lebe und nicht in einem desolaten amerikanischen Gefängnis nutzlos und schwer MS-krank bis zu meinem Tod vor mich hin vegetiere. Ich danke meiner Mutter, die sich wie eine Löwin für meine Freilassung eingesetzt hat und mir jeden Tag mit Rat und Tat zur Seite steht. Father Keith Windsor, mein Pater, gibt mir Mut, wenn ich vor lauter Verfahren und Schikanen deprimiert und ausgelaugt bin. Ein kleines blaues Buch hat meine Seele erneuert. Es heißt *Die Botschaften der Barmherzigkeit der Jesusmutter Maria für die Welt (Our Lady's Message of Mercy to the World)*. Sonst hätte ich dieses Buch hier niemals geschrieben, geschweige denn überhaupt schreiben können. Wenn Sie das Thema interessiert, gehen Sie bitte auf meine Webseite: www.florianhomm.org. Danke, Maria. Wesentlich mitgewirkt an diesem Buch haben die Gebrüder Dağ, Gublan und Sesij aus Berlin. Ihre Recherchen sowie konzeptionellen und gewissenhaften Ergänzungen haben es mir ermöglicht, ein besseres Buch zu schreiben. Michael Uhlemann, mein alter Freund, hat mich durch seine konstruktive Kritik dazu gezwungen, meine Theorien mehrfach zu hinterfragen und zu verifizieren. Die Gebrüder Dağ und Michael Uhlemann haben alles Denkbare versucht, damit dieses Buch auch für den Leser verständlich ist, der sich bisher wenig mit wirtschaftlichen Themen beschäftigt hat. Ich hoffe sehr, dass ihnen dies gelungen ist.

»Wenn wir unsere Dankbarkeit ausdrücken, dürfen wir niemals vergessen, dass wir diese Worte auch durch Taten sprechen lassen sollten. Sonst sind sie meistens nichts anderes als leere Phrasen.«

Florian Homm, September 2015

EINLEITUNG

Crash-Bücher haben seit Jahren Hochkonjunktur. Seit mehr als einem halben Jahrzehnt wird der Markt von Autoren überschwemmt, die den Untergang der Weltwirtschaft für 2011, 2012, 2013, 2014 angekündigt haben. Wenn Sie diesen Empfehlungen gefolgt wären, dann hätte Ihr Vermögen wahrlich ein kleines Desaster erlebt. Sie hätten sich mit inversen Währungsoptionen, Börsenputs und Zinscalls, wohlmöglich sogar mit physischem Gold erheblich verzockt. Sie hätten sicherlich gewinnbringende Positionen zu früh veräußert. Vielleicht hätten Sie auch lange haltbare Lebensmittel, wie Honig, oder andere Güter, wie Whisky, Zigaretten und Klopapier, in Ihrem Keller eingelagert. Das könnte durchaus Sinn ergeben, aber Timing und die richtige Strategie sind allentscheidend für Ihr wirtschaftliches Wohlbefinden. Und genau das liefern die Autoren nicht. Diese Weltuntergangs-Theoretiker profitieren von der Panikmache, haben Investment-Briefe, die sie teuer verhökern. Sie werden extrem gut für Vorträge bezahlt, und eins haben sie fast alle gemeinsam: einen hundsmiserablen Track Record (die chronologische Auflistung und Referenz über die Erfolge von getätigten Investitionen). Natürlich gibt es Stimmen, auf die man unbedingt hören sollte, und wir werden diese ausreichend erwähnen, aber das Gros der Wirtschaftsprognostiker sind billige Verkäufer, die von der Gier und dem Geiz, eigentlich der Naivität und Leichtgläubigkeit der Menschen, profitieren. Sie werden keinen Volkswirtschaftler oder Professor in den Listen der Reichsten finden. Sie werden keinen Volkswirt finden, der seit Jahrzehnten bestens an Börsencrashs verdient hat. Die Volkswirtschaftslehre (VWL) ist eine lächerliche Pseudowissenschaft, die mehr Schaden anrichtet als Nutzen bringt. Sie können mir das glauben, denn ich bin diplomierter Volkswirt der Harvard University (*cum laude*). Ich weiß, wovon ich rede. Deswegen bin ich auch nicht Akademiker geworden, sondern Serienunterneh-mer im Kapitalmarktbereich mit hochprofitablen Unterneh-mungen, die in der Spitze deutlich mehr als eine Milliarde Euro wert waren. Laut Prozessakten belief sich mein Spitzen-vermögen im Jahr 2007 auf mehr als 600 Millionen Euro. Drei Jahrzehnte habe ich die gesamte Kapitalmarktklaviatur gespielt, vom stinknormalen Bankangestellten zum Wagnis-kapital-Experten, zum Plattmacher und Antichristen der Finanzwelt, zum Raider (Finanzinvestor, welcher sich durch eine Mehrheitsbeteiligung in ein meist unterbewertetes be-ziehungsweise unprofitables Unternehmen einkauft und da-durch Entscheidungsmacht erlangt; in den Medien oft auch *Unternehmensplünderer* oder *Heuschrecken* genannt) und Zer-leger unterbewerteter Unternehmen, zum Borussia Dort-mund-Sanierer und letztlich zum Manager eines der zehn größten europäischen Hedgefonds. Und im Gegensatz zu anderen selbsternannten Investmentgurus wird eines auffal-len, wenn man meine Erfolgsgeschichte akribisch seziert: Homm ist ein sehr ernstzunehmender Baissespekulant, also jemand, der auf fallende Kurse spekuliert. 1978, als 18-Jähriger gründete ich in Cambridge, Massachusetts, meine erste Invest-ment-Gesellschaft, *Interinvest*, ein Spezialinvestmentvehikel für eine begrenzte Anzahl an Investoren. Das Börsenklima war damals denkbar schlecht. Die Inflation lag deutlich über zehn Prozent, und der amerikanische Dow-Jones-Index lag unter 800 Punkten. Seitdem hat er sich mehr als verzwanzig-facht. Aber gerade weil das Börsenklima so deprimierend war, gab es viele Schnäppchen. Die Bewertungen lagen am Boden, Aktien waren spottbillig. Sehr günstige Werte haben mich im-mer interessiert, genauso wie sehr teure Werte. Interinvest hat sich damals ausschließlich auf potenzielle Übernahme-kandidaten fokussiert, Unternehmen die weitaus billiger waren als ihr Veräußerungswert. Es gab viele attraktive Deals, wenige Käufer und minimale Konkurrenz. Bingo. Jackpot. Fünf Jahre später war ich einer der jüngsten Analysten an der New Yorker Wall Street, für die damals noch führende Invest-mentbank Merrill Lynch. Nach einem MBA an der Harvard

Business School zog es mich zu Fidelity, der größten Investmentgesellschaft der Welt. Ich arbeitete für den legendären Peter Lynch, der wohl erfolgreichste amerikanische Fondsmanager der zweiten Jahrhunderthälfte. Ab dem Spätsommer 1987 verwaltete ich den Fidelity Broadcast and Media Fonds. Meine erste Aufgabe bestand darin, sämtliche drastisch überbewerteten Unternehmen aus dem Portfolio (Zusammenfassung beziehungsweise Gesamtheit des Vermögens und der Investition einer Person oder eines Unternehmens, bestehend aus verschiedenen Werten, zum Beispiel Immobilien, Aktien et cetera) zu entfernen. Ich sah überhaupt keinen Anlass – im Gegensatz zu mehr als neunzig Prozent meiner Kollegen – voll investiert zu sein. Warum sollte ich überteuerte Werte halten? Nur weil alle anderen es so machten? Eine absurde Idee. Im Herbst 1987 brach die amerikanische Börse massiv ein. Meine Kollegen waren verzweifelt und bangten um ihre Jobs. Ich lachte nur, zumindest innerlich, denn mein Fonds konnte eine exzellente Performance ausweisen: Immerhin noch plus zwanzig Prozent. Anfang 1988 waren die Werte derartig günstig, dass ich voll investiert war. Das Resultat konnte sich sehen lassen: Plus 35 Prozent. Und mit nur 28 Jahren erhielt ich meine erste Investmentauszeichnung überhaupt – von Lipper Analytics – als bester US-Spezialfondsmanager. Die Performance wurde bei der Bank Julius Bär kaum schlechter. Im Krisenjahr 1990 verwaltete ich bei der Bank Julius Bär in Deutschland zusammen mit meinem damaligen Schwager den besten europäischen Aktienfonds. Langsam wurde auch mir bewusst, dass sich alle immer auf steigende Kurse konzentrierten und dabei aberwitzige Risiken eingingen. Kaum jemand spezialisierte sich auf überbewertete Börsen und Wertpapiere. Das war mir – rein logisch betrachtet – absolut unverständlich. Schon alleine deswegen, weil Vermögenswerte in der Regel langsam an Wert gewinnen, diesen aber oft in wenigen Tagen oder Wochen bei einem Crash einbüßen. An der Baisse zu verdienen, ging in der Regel viel schneller, als jahrelang auf einen Return durch stetige Kursssteigerungen zu hoffen. Die Rendite (der erwirtschaftete Ertrag, den ein

Investment abwirft) per anno bei Baisseverkäufen war somit, rein mathematisch betrachtet, viel höher. Deswegen entschied ich, mich ernsthaft mit Baissespekulationen und Leerverkäufen (den Verkauf von Wertpapieren, wie zum Beispiel Aktien, Anleihen et cetera, auf Leihbasis, über die der Verkäufer/Spekulant zum Verkaufszeitpunkt nicht verfügt) zu beschäftigen. Alle denken immer nur an steigende Kurse, und deswegen ist fast niemand auf Kursrückschläge vorbereitet. Ergo bestehen hier erhebliche Gewinnchancen bei kaum ernstzunehmender, größtenteils verwirrter Konkurrenz. Für mich wurde somit die Baissespekulation eine intellektuelle und analytische Herausforderung und das Leerverkaufen zur nahezu perfekten Marktlücke. Ende 1993 gründete ich mein eigenes Investmentbanking-Unternehmen, Value Management and Research AG (VMR), welches fünf Jahre später an der Frankfurter Wertpapierbörse zum öffentlichen Handel zugelassen wurde. 1994 wurden wir als bester europäischer Hedgefonds (ein Hedgefonds ist ein Investmentfonds, der in Bezug auf die Anlagepolitik weniger gesetzlichen Regularien unterliegt) ausgezeichnet; noch so ein mieses Börsenjahr. Unsere Konkurrenten verloren damals bis zu 50 Prozent ihres Depotwerts. Wir waren die einzigen, die auf fallende Kurse gesetzt hatten. Aufgrund von erheblichen und erfolgreichen Baissespekulationen konnten wir einen attraktiven, zweistelligen Gewinn ausweisen. Bingo. Jackpot. Das von uns verwaltete Vermögen wuchs innerhalb von nur fünf Jahren von zehn Millionen Dollar auf fast zwei Milliarden D-Mark. Mittlerweile hatte sich der Unternehmenswert von 100 Millionen auf 700 Millionen D-Mark gesteigert. Und ich machte Kasse. Auch die Mitarbeiter, weil ich unseren damaligen Finanzvorstand gezwungen hatte, die Mehrzahl der Belegschaftsaktien (Aktien, die von einer Aktiengesellschaft an ihre eigenen Mitarbeiter unter Börsenkurs verkauft werden) bei circa 50 D-Mark an die Mitarbeiter zu verkaufen. Nach der Dotcom-Krise handelten die Value Management and Research AG (VMR) Aktien etwas über einem Euro. Ciao. Ich war zwar damals schon Multimillionär, aber trotzdem noch voller Tatendrang. Deswegen gründete ich Ende 2001, mitten im größten Börsencrash seit 1929, eine reinrassige Hedgefonds-Gesellschaft, Absolute Capital Management Holdings (ACMH), die 2006 an der Londoner Wertpapierbörse zum Handel zugelassen wurde. Warum? Weil es für mich immer leicht gewesen war, überteuerte Werte zu finden und von deren Einbruch zu profitieren. Zudem bekommt man im Börsencrash gute Mitarbeiter, ohne sich dabei dumm und dämlich zu zahlen. Der andere Grund war rein mathematisch: Die Gebühren eines guten Hedgefonds sind locker zehnmal so hoch wie die eines normalen Publikumsfonds (Investmentfonds, der von privaten und institutionellen Investoren erworben werden kann). Für mich wenig überraschend waren wir im Jahr 2002 bester Europäischer Hedgefonds unter circa 600 Konkurrenten mit einer Rendite von 29 Prozent. Der Europäische Vergleichsindex verlor circa 30 Prozent. Bingo. Jackpot. Unser verwaltetes Vermögen stieg auf circa 3,5 Milliarden Euro, die ACMH-Aktien versiebenfachten sich im Wert und ich war fast Dollar-Milliardär. Im September 2007 zog ich mich aus dem Geschäftsleben zurück. Ich kehrte meinem Arbeitgeber ACMH den Rücken. Wie aus den Prozessakten zu erkennen ist, war im Jahr 2008 mein Depot größtenteils in Gold (mit circa 350 Kilogramm bei einem Kaufpreis von circa 300 US-Dollar pro Unze) und Schweizer Franken investiert. Leider hat mein eidgenössischer Treuhänder mein Vermögen – zeitweise – mit seinem verwechselt und irrsinnige Börsengeschäfte getätigt. Gegen meine Weisungen hat er bei Hedgefonds – wie Madoff – investiert und zweistellige Millionenbeträge verbraten. Hätte er sich an meine Instruktionen gehalten, wäre mein Depot in den Folgejahren um mehrere hundert Prozent gestiegen. C'est la vie. Ein anderer wesentlicher Grund, warum ich mich von ACMH verabschiedet habe, bestand darin, dass nicht ein einziger ACMH-Manager die Fähigkeit besaß, sich vom Wahnsinn der Massen zu distanzieren, um an der Krise zu verdienen. Noch trauriger war, dass ACMH-Fondsmanager damals, gegen meine Weisung, massive Baissepositionen auf US-Immobilienwerte und -Finanzwerte aufgelöst hatten. Der wahrscheinlich wichtigste Grund für meinen Abgang bestand darin, dass meine Seele verkümmert war, und ich, obwohl ich auf dem Papier alles erreicht hatte, sehr unglücklich war. Ich war sehr einsam und verwirrt, denn ich hatte als Workaholic und mit Seitensprüngen meine Ehe und unsere kleine Familie zerstört. Diesmal gab es kein Bingo und keinen Jackpot, sondern Chaos, Exil und Erschütterung. Aber es gab Antworten auf meine eigentlichen Kernfragen: Was soll ich hier auf dieser Welt? Wie finde ich Erfüllung, und was macht mich glücklich? Die Antworten auf diese Fragen fand ich zum Teil im Exil, wirklich jedoch erst in einer 15 Monate langen Auslieferungshaft in italienischen Gefängnissen. Ich erlebte eine tiefgreifende Bekehrung und Einsicht in meine Lebensaufgabe: Erfüllt als Mensch bin ich nur, wenn ich liebe, gebe und glaube und wenn ich mich sinnvollen Aufgaben widme. Was soll dann dieses Crash-Buch? Warum sollte ich erneut in die Niederungen der Finanzwelt hinabsteigen? Monatelang habe ich mit diesen Fragen gerungen und viel gebetet. Die Antwort ist mittlerweile offensichtlich. Der Normalbürger hat kaum eine Chance, sich auf die kommende Krise vorzubereiten. Von der Mehrzahl der Medien, der Politiker und Wirtschaftsorgane wird er derartig mit schlechter und irreführender Propaganda zugemüllt, dass es für diese Menschen dringend notwendig ist, unabhängige, unbefangene, sachliche und fundierte Argumente und Lösungen zu erhalten. Genau das habe ich drei Jahrzehnte lang gemacht, aber nur für die Megareichen, und habe mir dabei eine goldene Nase verdient. Ich habe auch eine neue Chefin. Sie heißt Maria und ist sehr gnädig. Früher war ich bei Mammon, dem gnadenlosen Gott des Geldes, angestellt. Der sogenannte kleine Mann, die mittlere und sogar die obere Mittelschicht, werden in den nächsten Jahren finanziell missbraucht und ausgeblutet, damit Politiker und ihre wahren Chefs, der Geldadel, ihre Schäfchen sicher und mit Gewinn ins Trockene bringen können. Dagegen kann man sich als Einzelperson oder Familie nur schlecht wehren, man kann sich aber zumindest auf so ein Szenario vorbereiten. Ich sehe es als meine menschliche Pflicht an, auf Missstände und

Risiken rechtzeitig hinzuweisen, sowie Lösungen und Alternativen zu präsentieren. Ich erhoffe mir auch, dass sich durch dieses Buch, wenn auch nur indirekt, einige Seelen für meine eigentliche Aufgabe im Leben interessieren, nämlich ein kleines Buch mit Botschaften der Hoffnung und Barmherzigkeit bekannt zu machen, das mir das Leben gerettet hat. Falls Sie dies interessiert, gehen Sie bitte auf meine persönliche Webseite: www.florianhomm.org und informieren Sie sich. Warum ist dieses Buch eigentlich unbefangen und unabhängig? Weil ich nicht mehr große Vermögen betreue, weil ich in keiner Partei tätig bin, aber vor allem, weil mich keiner mehr kaufen kann, schon gar nicht Mammon. Und warum sollte gerade dieses Buch nützlich sein? Weil kaum ein anderer Deutscher, der sich mit diesem Thema beschäftigt, über drei Jahrzehnte wiederholt von diesen Krisen systematisch profitiert hat. Das Buch zehrt vom Wissen eines ehemals berüchtigten, sehr erfolgreichen Financiers, eines absoluten Kapitalmarkt-Insiders. Auch wenn man in vielen Dingen nicht meiner Meinung sein sollte, dann sollte man sich zumindest intensiv mit den Inhalten beschäftigen. Es könnte ja was dran sein. Selbstverständlich wird dieses Buch von Kritikern und den Medien zerrissen werden. All die smarten Kommentatoren, die noch nie im Crash reüssiert haben, geschweige denn Crashs vorausgesagt haben, werden sich lautstark zu Wort melden. Sie werden Einzelheiten sowie das wissenschaftliche Fundament der Argumentationsketten in Frage stellen. Sie werden den Stil, die Syntax kritisieren. Sie werden mich als Person angreifen, den angeblichen Milliardenbetrüger, den Typ, der auf der FBI Most Wanted List steht. So what? Im Kern ist dieses Buch Anti-Establishment, deswegen erwarte ich auch schärfste und boshafte Kritik von den befangenen Meinungsbildnern. »Business as usual.« Ich bin durchaus konfliktfähig. Ist der Ruf erst ruiniert, lebt es sich gänzlich ungeniert. Nichts ist schöner als die Freiheit und der Glaube an das Gute. Ich habe wenig zu verlieren. Das ermöglicht mir einen hohen Grad an Ehrlichkeit. In diesem Buch suche ich nicht den Applaus der Kritiker oder der Börsianer, sondern das Ohr der Bürger. Es muss so geschrieben sein, dass Leser, die wenig Ahnung von Wirtschaftsthemen haben, trotzdem das Wesentliche verstehen und dabei nicht nach drei Seiten Lektüre einschlafen. Es muss zumindest zum Nachdenken anregen und hoffentlich zum Handeln. Die letzte Komponente, die dieses Crash-Buch von den meisten anderen unterscheidet, besteht darin, dass ich bewusst auch auf Lifestyle-Gesichtspunkte und praktikable Lösungen eingehe, Dinge, die kleine Hoffnungsschimmer am Horizont dieses unvermeidbaren Debakels erkennen lassen. Ich wünsche Ihnen von ganzen Herzen viel Glück und Erfolg bei der Meisterung der bevorstehenden Weltwirtschaftskrise.

Ihr Florian Homm

Teil 1 – Lage, Analyse, Bewertung

Tambora?

Es ist extrem schwer, den genauen Zeitpunkt eines Crashs zu prognostizieren. Es reicht aber, wenn man sich auf das Szenario eines Crashs innerhalb von zwölf bis 24 Monaten vorbereitet, und dazu muss man ausreichend Geduld mitbringen. Andererseits ist es gar nicht so schwer, zumindest die Warnzeichen zu erkennen. Was auf uns zukommt, ist ein unaufhaltsames wirtschaftliches Debakel. Dessen bin ich mir sicher. Und warum das so ist, werde ich im ersten Teil dieses Buches erklären. Die einzige Frage ist, wie sich dieses Desaster manifestiert: Über mehrere Jahre in Form schleichender Deflation oder in Form einer Hyperinflation (der schnellen Zunahme des allgemeinen Preisniveaus), gefolgt von einer Währungsreform, oder von einem Tambora-artigen Beben, das in kurzer Zeit sehr viel Schaden anrichtet?

Der **Tambora** ist ein Stratovulkan in Indonesien. Mehr als 71000 Menschen starben insgesamt durch eine Eruption im Jahre 1815. Die indirekten Opferzahlen durch globale Klimaveränderung und Hungersnöte sind nicht bekannt. Ich bin mir nicht sicher, ob wir 2016 oder 2017 einen ökonomischen Tambora-Crash an den Weltbörsen erleben, also eine Finanz- und Wirtschaftskrise, die selbst den Crash von 1929 und die darauf folgende Depression in seiner Wirkung übertrifft. Es ist durchaus möglich, dass wir in den nächsten Jahren einen schleichenden Wirtschaftsabschwung, gekoppelt mit moderater Deflation, wie in Japan sehen werden. Letztlich wäre irgendwann auch eine Hyperinflation mit darauf folgender Währungsreform denkbar. Nur eines ist wirklich glasklar: Das Umfeld könnte kaum schlechter sein, und wer sich nicht vorbereitet, wird große Probleme bekommen. Ohne den geringsten Zweifel wird die Mehrheit der rechtschaffenen Bürger eine Finanzrepression erleben, die sich gewaschen hat. Das bedeutet nichts anderes, als dass Ihre Rechte mehr und mehr eingeschränkt werden, und das sich der Staat Ihr Vermögen sukzessive aneignen wird, um sich und seine Politiker über Wasser zu halten.

Das Umfeld ist grottenschlecht

Der Patient ist klinisch tot. Damit meine ich prinzipiell die Verschuldung und die Ertragsaussichten der europäischen, amerikanischen, westlich orientierten und japanischen Regierungen. Diese vier Blöcke stellen circa 50 Prozent der Weltwirtschaftsleistung dar. Meine Aussage basiert nicht auf den offiziell ausgegebenen Haushaltsbilanzen, sondern auf den wahren, konsolidierten Zahlen. Die offiziellen Zahlen verschönern die ohnehin schon desaströse Finanzlage erheblich und sind nicht aussagekräftig. Offiziell hat die US-Regierung Finanzverbindlichkeiten von 18,6 Billionen. Das bedeutet Schulden pro Steuerzahler von circa 155 000 Dollar oder etwas weniger als 60 000 Dollar pro Einwohner. Deutschland wirkt, aus Sichtweise der Amerikaner, fast schon seriös, mit Verbindlichkeiten von 2,4 Billionen Dollar oder circa 27 000 Dollar pro Einwohner. Die japanische Staatsverschuldung liegt bei über zehn Billionen Dollar, obwohl die Wirtschaftsleistung Japans nicht mal 20 Prozent über der deutschen liegt. Von allen Industrienationen ist Japan offizieller Schuldenweltmeister mit Staatsschulden von 80 000 Dollar pro Kopf. Diese Zahlen sagen Ihnen vielleicht wenig, aber Sie sind letztlich die Steuerzahler, die diese Schulden durch Ihre

Steuern bedienen, beziehungsweise eines Tages durch Ihre Ertragskraft tilgen sollen. Also, wenn Sie ein durchschnittlicher deutscher Haushalt mit vier Mitgliedern sind, hat der Staat für Sie Schulden von circa 100 000 Euro akkumuliert. Wenn Sie diese Summe schon erschreckt, dann schnallen Sie sich jetzt an. Wenn man den deutschen Verschuldungsgrad auf die Länder und Kommunen ausweitet, dann steigt die Verschuldung bereits auf drei Billionen. Damit aber noch nicht genug. Jetzt haben wir noch nicht die Renten der Steuerzahler berücksichtigt. Die wollen auch etwas für ihre jahrelangen Einzahlungen in die staatliche Rentenversicherung sehen, wenn sie in Ruhestand gehen. Die Verbindlichkeiten der Rentenkasse (Generationenvertrag) des deutschen Staates gegenüber den Steuerzahlern liegen bei über acht Billionen Euro, also 100 000 Euro pro Einwohner oder 400 000 Euro pro Haushalt. Ich spare mir die Arbeit und gehe gar nicht erst auf andere Verbindlichkeiten, wie zum Beispiel die Pflegeversicherung, ein. Viel lieber möchte ich mir die Rückstellungen (Höhe und Fälligkeit der Verbindlichkeiten eines Unternehmens, welche noch ungewiss sind) oder die Aktivposten anschauen, die diesen massiven Schulden gegenüberstehen. Die Antwort: Fast nichts. Die Rentenversicherung, der größte Brocken, wird aus den laufenden Rentenversicherungsbeiträgen der arbeitenden Bevölkerung gezahlt, und die staatlichen Verbindlichkeiten werden aus den laufenden Steuereinnahmen bedient. Das funktioniert vielleicht noch heute, aber spätestens dann nicht mehr, wenn die Rentenbeiträge von zwei Erwerbstätigen den Lebensabend von einem Rentner begleichen sollen. Und das ist aufgrund der demographischen Entwicklung bereits vorprogrammiert. Erhebliche Solvenzprobleme entstünden, wenn sich bei uns die Arbeitslosigkeit aufgrund einer Wirtschaftskrise für mehrere Jahre verdoppeln oder verdreifachen sollte. Das halte ich in den nächsten fünf Jahren für sehr wahrscheinlich.

Die Trauermusik spielt nicht bei uns, sondern in Amerika, Europa, Japan und China

Deutschland (80 Millionen Einwohner) ist im internationalen Finanzgeflecht nicht sonderlich wichtig. Obwohl die Finanzlage unserer Nation sehr bedrohlich ist, sind wir aus bilanzieller Sicht im Vergleich zu den USA (320 Millionen Einwohner) und Japan (130 Millionen Einwohner) relativ gut aufgestellt. Wenn man die staatlichen amerikanischen Verbindlichkeiten vollumfassend konsolidiert, entsteht eine Gesamtverschuldung von über 100 Billionen Dollar oder etwas weniger als 280 000 Dollar pro Einwohner oder circa 650 000 Dollar pro Erwerbstätigem. Offiziell ausgewiesen werden etwas über 18 Billionen an Verbindlichkeiten. Noch eklatanter sind die Steuereinnahmen im Verhältnis zu den Ausgaben. Wenn man international gängige Bilanzierungspraktiken (US-GAAP oder IFRS) nimmt, liegt das jährliche Haushaltsdefizit aktuell nicht bei den ausgewiesenen 500 Milliarden, sondern bei 3,5 bis 4 Billionen, die sieben- bis achtfache Summe. Dieser, nach Grundsätzen ordnungsgemäßer Buchführung ermittelte Verlust, ist circa zehnmal höher als der gesamte deutsche Bundeshaushalt. 2015 liegt das wahre, sauber gerechnete Haushaltsdefizit bei den Amerikanern deutlich über 10 000 Dollar pro Einwohner und nicht bei »schlappen« 1 600 Dollar. Wenn Sie mir nicht glauben, dann sollten Sie zumindest auf den ehemaligen obersten Rechnungsprüfer der US-Regierung, David M. Walker, hören. (https://www.youtube.com/ watch?v=hsU-dK7oJtmc). Laurence Kotlikoff, ein angesehener Professor und ehemaliger Berater des US-Präsidenten Ronald Reagan, schätzt die amerikanischen Staatsverbindlichkeiten sogar auf über 200 Billionen. Das ist elfmal mehr als die offiziell ausgewiesenen Verbindlichkeiten. In den Jahren 2004 bis 2006 war ich aktiv an der Sanierung und Restrukturierung von Borussia Dortmund beteiligt. 2004 lag der Konzernverlust bei 75 Millionen Euro, bei einem Konzernumsatz von nur 97 Millionen Euro. Die Verbindlichkeiten lagen bei 118 Millionen Euro. Damals wäre die Sanierung des BVB fast gescheitert, weil wir nach unserem Engagement circa weitere 20 Millionen an Verbindlichkeiten entdeckten, die in der Bilanz (die zum Ende des Geschäftsjahres erstellte Gegenüberstellung von Einnahmen und Ausgaben) nicht aufgeführt waren. Diese schlappen 20 Millionen an »vergessenen« Verbindlichkeiten hätten uns bei den Gläubigerverhandlungen fast den Hals gebrochen. Der BVB wäre beinah pleitegegangen. Jetzt nehmen wir mal die US-Daten und vergleichen sie mit dem ehemaligen Pleitekandidaten Borussia Dortmund:

	BVB* (€ Millionen)	USA* ($ Billionen)
Umsatz	97	3,0
Kosten	172	3,5
»vergessene Kosten«	0	4,5
Ausgewiesener Verlust	75	0,5
Wahrer Verlust	75	5,0
Verbindlichkeiten	116	18,0
»Vergessene Verbindlichkeiten«	20	82,0
Gesamtverbindlichkeiten	136	100,0

*USA 2014, *BVB 2004

Bei den Amerikanern sind die »vergessenen« Verbindlichkeiten fünfmal höher als die ausgewiesenen. Beim Verlust ist die Situation noch krasser. Der wahre Verlust ist zehnmal höher als der ausgewiesene. Es stellt sich die Frage, ob man den US-Haushalt überhaupt noch sanieren kann? Die einfache Antwort lautet: keine Chance. In Deutschland würde ein Unternehmen, das wie die amerikanische Regierung agiert, wegen Bilanzfälschung und Insolvenzverschleppung verklagt werden. Man kann es auch anders sehen. Der ehemalige Pleitekandidat Borussia Dortmund war im Jahr 2004, im Vergleich zum aktuellen amerikanischen Staatshaushalt, aus wirtschaftlicher und finanzieller Sicht ein hochgradig profitables und bilanzstarkes Musterunternehmen. Eine identische Rechnung bei den Japanern erübrigt sich. Ich erspare Ihnen die Arbeit. Wenn die japanische Regierung für Ihre aktuellen Verbindlichkeiten mehr als zwei Prozent Zinsen pro Jahr zahlen würde, müssten alle Steuereinnahmen für Zinszahlungen eingesetzt werden. Der äquivalente Zinssatz in Deutschland liegt bei 13 Prozent. Besonders ironisch finde ich es, wenn sich die Amerikaner abwertend über die Finanzlage Griechenlands, Chinas, Russlands oder der EU äußern. Sachlich betrachtet, trägt der amerikanische Kaiser nicht mal Lumpen, sondern ist splitternackt und schuldet seinem Schneider eine unbezahlbare Summe.

Lügen, Lügen, nichts als Lügen

Wenn ein amerikanisches Unternehmen so bilanzieren würde wie die amerikanische Regierung, dann würden die Verantwortlichen dafür garantiert ins Gefängnis wandern. Auch andere ökonomische Kennzahlen, wie die Inflationsrate, die Wachstumsdaten, die Arbeitslosenquote, Geldmenge-Kalkulationen, sind unzuverlässig, nicht aussagekräftig, unvollkommen und sehr oft aus politischen Gründen manipuliert. Trotzdem verhalten sich fast alle Ökonomen wie Lemminge, orientieren sich an diesem nutzlosen Zahlenwerk und werden deswegen auch niemals einen Wirtschaftscrash voraussagen können. Japan ist nichts anderes als eine tickende Zeitbombe, die jederzeit explodieren könnte. Chinesische Wirtschaftsdaten sind ungefähr so verlässlich wie jemenitische. Die Finanzlage der wesentlichen europäischen Wirtschaftsnationen – Spanien, Italien, England und Frankreich – ist noch wesentlich prekärer als unsere, ganz zu schweigen von Irland, Portugal und Griechenland. Die Zahlen in Deutschland sind wesentlich verlässlicher als in den meisten anderen wichtigen Wirtschaftsnationen. Das ist leider vollkommen egal, da die kommende Weltwirtschaftskrise nicht in Deutschland ausgelöst werden wird.

Bremer Vulkan und WCM – Wie arbeitet ein professioneller Baissespekulant oder Leerverkäufer?

Wahrscheinlich sagen Ihnen diese Bezeichnungen nichts. In meinem vorherigen Leben habe ich überproportional an der Kernschmelze dieser beiden Unternehmen verdient. Bremer Vulkan, WCM und MLP gehörten einmal zu den einhundert größten börsennotierten Unternehmen Deutschlands. Bremer Vulkan war der größte Schiffbauer Deutschlands. WCM die größte börsennotierte Immobiliengesellschaft. Aber bevor ich hier wichtige Gemeinsamkeiten aufzeige, muss ich erst einmal erklären, was Baissespekulation und Leerverkauf bedeuten: Der Baissier erwartet ein Nachgeben der Kurse und verkauft zum Kurs Wertpapiere, die er in der Regel nicht besitzt, die er aber später günstig zu erwerben hofft. Die Differenz aus niedrigem Erwerbspreis und höherem Verkaufspreis ist sein Spekulationsgewinn. Um diese Leerverkäufe auch über längere Zeit tätigen zu können, leiht sich der Leerverkäufer die Aktien, in der Regel für eine Gebühr von einer Depotbank (einem Kreditinstitut, das Wertpapiere verwahrt und verwaltet) oder einem langfristig orientierten Aktionär, der von der Attraktivität dieser Werte überzeugt ist. Steigen die Papiere über den Verkaufswert des Leerverkäufers, entstehen für den Baissier Verluste, und diese sind im Gegensatz zu normalen Wertpapierkäufen (Aktien, Anleihen), bei denen das Verlustrisiko bei maximal 100 Prozent liegt, unbegrenzt. Selbstverständlich kann der Baissier seine Verluste begrenzen, indem er seine Leerverkaufsposition über den Markt eindeckt, beziehungsweise zurückerwirbt und somit die geliehenen Wertpapiere an den Wertpapierverleiher zurückgibt. Für die Wertpapierleihe muss der Baissier zahlen, egal ob er mit der Position Verlust oder Gewinn gemacht hat. Auch für Dividenden (der Anteil des Gewinns, den eine Aktiengesellschaft an ihre Aktionäre auszahlt) und Zinseinnahmen muss er während der Wertpapier-Leihdauer aufkommen. Wenn Sie kein Kapitalmarktprofi sind, dann hört sich das sicherlich etwas chinesisch, wohlmöglich illegal oder kontra-intuitiv an. Sie müssen hier nicht die Technik oder die Nuancen der Baissespekulation verstehen, sondern eher die analytische Vorgehensweise. Circa drei Jahrzehnte war ich – unter anderem – auf den Leerverkauf von fundamental überteuerten oder sehr anfälligen Wertpapieren spezialisiert, aber primär auf überteuerte, fast immer hoch verschuldete Unternehmen. Eine Aktie ist eine Beteiligung an einem Unternehmen, und deren Wert besteht – unter anderem – aus Substanz, der Dividendenrendite, den Gewinnen und den Ertragsaussichten. Der Preis einer Aktie hat aber oft nichts mit den fundamentalen Bewertungsaspekten zu tun, sondern ergibt sich aus dem Angebot und der Nachfrage. Auch emotionale Verhaltensmuster wie Gier und Angst haben einen wesentlichen Einfluss auf den Aktienpreis sowie die Attraktivität anderer Anlagealternativen, wie zum Beispiel Bundesanleihen oder Sparzinsen. Der auf Aktien spezialisierte Baissespekulant erzielt bei Aktienleerverkäufen in der Regel die beste Rendite, wenn ein Unternehmen zahlungsunfähig wird oder bankrottgeht. Die Idealkonstellation für den fundamental orientierten Leerverkäufer ist fast immer die gleiche: Die Bewertung des Unternehmens an der Börse ist ein Vielfaches höher als der innere Wert. Die Börsianer sind sehr positiv auf die Aktie gestimmt, und die Mehrzahl der Aktionäre hat keinen Schimmer, dass das Unternehmen extrem fragil und in seiner wirtschaftlichen Existenz gefährdet ist. Der geniale Baissier ist seinen Kollegen analytisch weit voraus, indem er das Unternehmen und potenzielle Risiken weitaus besser versteht und realistischer bewertet als seine Konkurrenten (die Aktionäre und Analysten). Hochinteressant wird es für den Leerverkäufer, wenn die Bilanz frisiert ist, wenn Risiken verschachtelt wurden und somit intransparent sind, wenn die Verschuldung sehr hoch ist und Klumpenrisiken bestehen. Der Fakt, dass eine Aktie fundamental überteuert ist, reicht keineswegs aus, um eine große Short-Position einzugehen. Das Unternehmen muss schwer krank oder zumindest angeknackst sein, ohne dass dies bereits in der Kursentwicklung zu erkennen ist. Genauso wichtig ist es, dass sich diese Erkrankungen in absehbarer Zeit bemerkbar machen. Die Gewinne fallen. Die Dividende wird gestrichen. Verluste stellen sich ein und so weiter. Dann fangen die Kurse an, rapide zu purzeln, und der Leerverkäufer fängt an, erste Gewinne zu realisieren. Kurz vor der Pleite, wenn die Kurse knapp über null liegen, wird die Position beglichen. Bingo. Jackpot. Bei WCM und Bremer Vulkan ist das genauso abgelaufen wie oben beschrieben. Die renommiertesten Fondsgesellschaften der Welt, wie Templeton und Fidelity, waren stark investiert. Von 40 Aktienanalysten hatte keiner diese Werte zum Verkauf empfohlen. 32 Analysten empfahlen den Kauf der Aktien, die restlichen acht rieten Investoren, diese Aktien langfristig zu halten. Die Analysen waren ideenlos, unkritisch und oberflächlich. Die Analysten hatten sich mit den Vorständen und Investor-Relations-Beauftragten getroffen, ein bisschen das Handelsblatt und die Geschäftsberichte studiert. Und dann haben sie aus diesen Gesprächen und ein wenig Zahlenspiel eine Meinung formuliert. Lächerlich! Keiner hatte mit den Konkurrenten dieser Unternehmen gesprochen oder mit deren größten Kunden. Das wäre ja auch anstrengend und unkonventionell. Keiner hat die wichtigsten Tochterunternehmen besucht oder Großaufträge unter die Lupe genommen. Beide Gesellschaften waren massiv verschuldet. Die Bilanzen waren intransparent und teilweise hochgradig phantasievoll dargestellt. Bremer Vulkan wurde massiv subventioniert und konnte trotzdem keinen positiven Cashflow (Differenz der Einnahmen und Ausgaben) ausweisen. Bei WCM waren die Netto-Mietrenditen wesentlich niedriger, als der Markt es berechnet hatte. Dazu kamen noch abenteuerliche, auf Pump finanzierte Millionen-Beteiligungen, wie bei der Commerzbank, bei fast 40 Euro pro Aktie. WCM war zwar offiziell eine Immobiliengesellschaft, aber mit einem überdimensionierten, auf Kredit finanzierten Beteiligungsportfolio ähnelte sie eher einem hoch verschuldeten, schlecht geführten Hedgefonds. Bremer Vulkan hatte sich ins Hightech-Kreuzfahrtschiffbausegment getraut, ohne den Hightech-Voraussetzungen dieser Branche nur halbwegs gewachsen zu sein. Kein einziger Analyst hatte sich die Mühe gemacht, mit den Auftraggebern von zwei riesigen Kreuzfahrtschiffen zu sprechen. Die Stories sind medial ausreichend dokumentiert. WCM und Bremer Vulkan gingen in die Insolvenz, und die Aktionäre haben circa vier Milliarden Euro verzockt. In vielen Fällen Totalverlust. Die wenigen, die damals auf mich gehört hatten und ihre Aktien noch rechtzeitig abgestoßen haben, kamen mit einem blauen Auge davon. Heute gibt es hunderte börsennotierte Firmen, die ihre wichtigsten wirtschaftlichen Daten geschönt darstellen. Nehmen wir einmal die Allianz. Hier wird ein operatives Ergebnis von 10,4 Milliarden Euro für das Jahr 2014 veröffentlicht. Der Nettogewinn lag bei 6,2 Milliarden Euro. Wenn man sich die Zahlen genauer anschaut, liegt der frei verfügbare Gewinn (Cashflow) aber nur bei schlappen 1,5 Milliarden Euro. Die Bewertung an der Börse bezieht sich jedoch auf den veröffentlichten Gewinn. Weil die Gewinndynamik vieler Unternehmen bereits nachlässt, versuchen die Vorstände, die Gewinne durch Zukäufe zu steigern. Es ist empirisch belegt, dass die Mehrzahl der Akquisitionen Unternehmenswerte zerstört und nicht erhöht. Die aktuelle Hysterie bei Akquisitionen und Fusionen ist ein klarer Indikator einer Blasenbildung. Etliche Unternehmen kaufen mittlerweile ihre eigenen Aktien, um den Gewinn pro Aktie zu steigern. Das wird teilweise auf Kredit oder mit Bargeld gemacht. All diese Aktionen kann man als »Financial Engineering«

bezeichnen. Fundamental ergeben sie in der Regel wenig Sinn. Die Ausrichtung ist kurzfristig und dient primär dazu, die Bonifikation der Vorstände und Direktoren zu steigern. Was ist die Moral der Geschichte? Ist die Welt schlecht? War ich wegen meinen erfolgreichen Baissespekulationen ein böser Mensch? Ein Typ, der am Desaster profitiert hat? Nein, vielleicht und ja. Mein Mandat als Hedgefondsmanager bestand darin, in guten und schlechten Börsenlagen für meine Kunden Rendite zu erwirtschaften. Fertig, aus. Das geht nicht, wenn man dem Quatsch in den Medien, den Finanzexperten, den Machern in der Wirtschaft und der Politik glaubt. Manche meinen, ich hätte diese Unternehmen plattgemacht. Unsinn. Verantwortlich für den Niedergang der Gesellschaften waren Hasardeure im Management, die Typen auf der Chefetage und natürlich auch die obrigkeitshörigen Finanziers und Politiker, die solche Abstürze fast nie rechtzeitig erkennen. Bremer Vulkan entpuppte sich durch das Mitwirken der Politiker letztlich als der größte Subventionsbetrug der deutschen Nachkriegsgeschichte. Die größte WCM-Beteiligung, Commerzbank, wurde einige Jahre später mit circa 20 Milliarden Euro vom Staat, beziehungsweise vom deutschen Steuerzahler, vor der Pleite gerettet. Was hat das alles mit den Staatshaushalten, Finanzinstituten und den Börsen Japans, Amerikas und Europas zu tun? Sehr viel. Denn all dieselben Faktoren, die zum Zusammenbruch von WCM und Bremer Vulkan geführt haben, sind eindeutig in den Haushaltsbilanzen, im Bankenwesen und in den Börsenbewertungen erkennbar. Ein fundamental orientierter Leerverkäufer geht immer nach demselben Schema vor.

Bankster

Wie billig und einfallslos sind eigentlich diese Moralattacken gegen die Bankiers, die Nostrohändler (Nostrogeschäfte sind Wertpapiergeschäfte, die die Bank auf eigene Rechnung und eigenes Risiko statt im Auftrag eines Kunden abschließt) und die Investmentbanker? Natürlich ist es verwerflich, wenn Goldman Sachs, eine bedeutende globale Bank, vor dem Crash 2008-2009 wissentlich hochkomplexe, völlig wertlose Produkte an ihre Kunden verkauft (dabei fette Kommissionen verdient) und fast simultan diese Produkte leerverkauft und später mit exorbitanten Gewinnen für fast nichts zurückkauft und dabei nochmals Kommissionen verdient. Bedauernswert ist es auch, wenn Bankster Euro-Libor-Zinssätze manipulieren oder Hypotheken (Grundpfandrechte, in denen der Hypothekennehmer meist Geldmittel im Austausch für Rechte an einer Immobilie erhält) verramschen, die die Kunden niemals bedienen, geschweige denn zurückzahlen können. Tragisch für alle Steuerzahler ist es, wenn sich Bankster mit Billionenbeträgen verzocken und dann mit dem Geld der arbeitenden Bevölkerung saniert werden. Aber die Verhaltensmuster der Bankster haben ihren wirklichen Ursprung in der staatlichen Deregulierung der Märkte, des Bankenwesens und den unverantwortlichen Beispielen, die Politiker seit über vier Jahrzehnten durch ihre rücksichtslose Zerstörung von soliden fiskalischen Werten praktizieren. Jeder ehrliche und kompetente Kapitalmarktprofi wird zugeben, dass die wichtigsten Wirtschaftsnationen des Westens niemals ihre Schulden zurückzahlen können und mit hoher Wahrscheinlichkeit spätestens in der nächsten Dekade nicht einmal den Schuldendienst leisten werden. Aber sie werden kaum einen Banker oder Politiker finden, der dies öffentlich zugibt. Es gehören halt zwei zum Tango. Nehmen wir einmal die Federal Reserve Bank (FED), die amerikanische Bundesbank. Dieses Institut ist zu einhundert Prozent in privater Hand und gehört nicht dem Staat, sondern den Banken. Der Name ist schon gewissermaßen irreführend, eigentlich betrügerisch. Passender wäre der Name Private Reserve Bank (PRB). Stellen Sie sich vor, die deutsche Bundesbank würde der Commerzbank und der Deutschen Bank gehören, und Herr Ackermann bestimmt die Geldpolitik für 80 Millionen Bürger. Jetzt kommt es zu einer monumentalen Schieflage im Bankensektor wie in den Jahren 2008/2009. Wird Herr Ackermann das tun, was für die

Mehrzahl der Bürger und das Land sinnvoll ist oder wird er sich nach seinen Eigentümern richten? Diese Bankendebakel gibt es in gewissen Abständen regelmäßig, zum Beispiel die amerikanische Sparkassenkrise in den 80er-Jahren oder die skandinavische Bankenkrise in den frühen neunziger Jahren. Diese Krisen haben fast immer ihren Ursprung in einer kurzsichtigen, grob fahrlässigen Deregulierung der Märkte. Das verleitet zur Spekulation und führt eigentlich immer früher oder später zu einer Finanzkrise.

Damals haben die Regierungen in Norwegen und Schweden sämtliche Problembanken verstaatlicht, anstatt sie – wie in Amerika und Europa – mit Steuergeldern zu subventionieren. Und was die Politiker in Skandinavien gemacht haben, war goldrichtig. Selbst die Amerikaner und Engländer haben sich für ihre Rettungsaktionen, zumindest in einigen Fällen, große, relativ günstige Aktienpakete geben lassen. Nicht einmal das haben unsere Politiker bewerkstelligt. Die Verstaatlichung der maroden skandinavischen Banken wurde zu einem Riesenerfolg für Land und Bürger. Im Hypotheken- und Banking-Crash von 2008/2009 musste keine einzige norwegische oder schwedische Bank gerettet werden. In ganz Skandinavien gibt es heute keine einzige Bank, die systemgefährdend wäre. Die Eigenkapitalquoten der skandinavischen Banken können sich zudem sehen lassen. Und was haben wir gemacht? Nur groben Unfug. Wir hätten nur das nachmachen müssen, was die Skandinavier bereits vorexerziert hatten. Oder? Das war bei uns aber leider nicht möglich. Wir haben schon im Vorfeld versagt. Überforderte, systemnahe, teils politisch orientierte Finanzinstitute, wie die Landesbank von Sachsen, die West LB und die HSH Nordbank, haben versucht, mit den Haien des Geldadels, wie Goldman Sachs, zu schwimmen und sind dabei aufgefressen worden. Eigentlich konnte man diese Landesbanken, was Inkompetenz betrifft, kaum von einer IKB, einer Hypo Real Estate oder einer Commerzbank unterscheiden. Ist es denn so schwer, konservative, klar denkende, nicht korrumpierte Bankvorstände zu finden, die verstaatlichte Banken

führen könnten? Eigentlich nicht, denn die großen Volksbanken und einige Privatbanken, wie Berenberg und Metzler,
haben die Krise bestens überstanden. Das trifft auch für einige der großen Sparkassen zu. Dort findet man noch geeignete
Bankmanager. So etwas Vernünftiges wie eine Verstaatlichung
ist in Amerika nur schwer durchzusetzen, weil dort die Politik noch hautnaher mit der Bankenwirtschaft verflechtet ist als
bei uns. Etliche Präsidenten der FED/PRB entstammen mäch-
tigen Finanzinstituten wie Goldman Sachs oder der Citibank.
Die Tragik der deutschen und europäischen Bankensanierung
liegt darin, dass wir genauso amoralisch und viel dümmer als
die Amerikaner und die Engländer agiert haben. Dies sollte
wiederum niemanden überraschen. Obwohl die EZB im Gegensatz zur FED/PRB tatsächlich den verschiedenen nationa-
len Zentralbanken gehört, wird auch sie von einem Ex- Goldman Sachs Banker, Mario Draghi, geleitet.

Wie reagieren solche Zentralbank-Präsidenten wie Paulson,
Draghi, Rubin in einer Krise? Selbstverständlich schützen sie
ihre Aktionäre, die Banken, ihre ehemaligen Arbeitgeber.
Würden Sie als ehemaliger Top-Banker anders agieren? Würden Sie es zulassen, dass Ihre ehemaligen Kollegen und Ihre
besten Freunde ihre Jobs verlieren und Ihre Großaktionäre
enteignet werden? Das glaube ich einfach nicht, auch wenn so
eine Vorgehensweise aus wirtschaftlicher Sicht unsinnig und
aus moralischer Perspektive eine Schweinerei ist. Zum normalen Steuerzahler haben Sie ohnehin keinen Kontakt. Zu
diesen Menschen fehlt Ihnen jeglicher Bezug. Aber mit Ihren
Kollegen, Ihren ehemaligen und vielleicht auch zukünftigen
Arbeitgebern, Ihren Freunden werden sie bis zu Ihrem
Lebensende zu tun haben. Noch schwieriger ist es, auf politischer Ebene clever und korrekt zu handeln. In den USA kosten die Wahlen für das Amt des Präsidenten, den Kongress
und den Senat etliche Milliarden. Die Politiker sind schon gekauft, bevor sie überhaupt ihr Amt antreten. Ihre Seele gehört
bereits verschieden Lobbygruppen: der Ölindustrie, den Nah-
rungsmittelherstellern, den Banken, der IT/Medienbranche,

den Militärunternehmen, der Pharmabranche und so weiter. Die 30 US-Unternehmen, die den Politikern am meisten spenden, zahlen in der Summe überhaupt keine Steuern. Das hat sogar der führende republikanische Präsidentschaftskandidat Donald Trump bestätigt. Wie wollen Politiker da noch rational und ethisch agieren? Ohne dieses Bestechungsgeld würden sie niemals gewählt werden. Schauen wir uns doch einmal die Bilanz der FED/PRB und der EZB an. Für jeden Euro Eigenkapital hat die Europäische Zentralbank 25 Euro Verbindlichkeiten, also sind vier Prozent durch Eigenkapital gedeckt. Dieselbe Zahl bei der FED/PRB liegt bei schockierenden 1,3 Prozent! Laut den Vorgaben der Bankenaufsicht sollen Banken bis 2019 eine Eigenkapitalbasis von 7,5 Prozent ausweisen. Zudem werden die Aktivposten der EZB und der FED/PRB äußerst phantasievoll bewertet. Die Bilanzierungspraktiken der FED/PRB und der EZB sind keineswegs besser oder transparenter als die der Bremer Vulkan oder der WCM. Stellen Sie sich einmal vor, Sie haben 10 000 Euro auf Ihrem Konto und sonst keine nennenswerten Einnahmen, aber 770 000 Euro Schulden. Das Geld haben Sie an Ihre Freunde für null Zinsen weitergereicht. Dafür stehen Sie keineswegs gerade, auch nicht Ihre Freunde, aber alle Ihre Nachbarn. Also, was ist das Problem? Wie kann man als Bankster die Politiker wirklich ernst nehmen? In den USA gibt es viermal so viele Banklobbyisten wie Kongressabgeordnete. Allein die Spenden der Finanzlobby an die Politiker betrugen im Jahr 2014 eine halbe Milliarde Dollar. Glauben Sie, dass dies in Brüssel wesentlich anders ist? Schon Jahrzehnte vor dem Crash von 2008 und 2009 zeigten die Politiker den Bankstern, wie man gewissenlos katastrophale Schulden macht und Billionenverluste erzielt. Seit circa drei Jahrzehnten machen US-Politiker das, was ihnen die Bankster sagen, sonst werden sie nicht gewählt. Dazu gehören die nahezu totale Deregulierung der Bankenwirtschaft und die Rettung der amerikanischen und westlichen Megabanken im Crash. Seit ungefähr einem Jahrzehnt ist die Macht der Bankster und ihr Erpressungspotenzial noch gewichtiger geworden. Aufgrund ihrer Größe und ihrer

Systemrelevanz können die Bankster die Politiker zwingen, ihre Verluste mit Steuergeldern zu begleichen. Es gibt mindestens dreißig Banken weltweit, deren Verbindlichkeiten derartig groß sind, dass sie in einer Krise angeblich gerettet werden müssen, sonst würde das Weltwirtschaftssystem zusammenbrechen (too big to fail). Oberflächlich betrachtet stimmt das vielleicht. Aber so weit hätte es nie kommen dürfen. Die Regierenden haben unverantwortlich gehandelt. Nein, sie haben auf breiter Front versagt. Wie kann man diese inkompetenten Versager weiterhin wählen? Die konsolidierten Verbindlichkeiten der Deutschen Bank sind, zum Beispiel, mindestens sechsmal höher als der gesamte deutsche Bundeshaushalt. Viel besorgniserregender ist das Exposure von Derivaten (in der Regel riskante Anlageprodukte) der Deutschen Bank von circa 54 Billionen. Das ist 180-mal mehr als der deutsche Bundeshaushalt. Die wahre Eigenkapitaldecke der deutschen Bank liegt bei circa zwei Prozent der Verbindlichkeiten. Das bedeutet, wenn die Bank sich nur etwas verspekuliert, werden die Steuerzahler wieder zur Kasse gebeten. Wie kann man als Regierung so etwas zulassen? Tragisch ist vor allem, dass diese Megabanken seit der letzten Sanierung ungefähr 50 Prozent größer sind als noch vor der Krise und dass der Markt in Derivaten mittlerweile zehnmal größer ist als die Weltwirtschaftsleistung. Fakt ist, dass das globale Bankensystem seit 2008/2009 noch viel anfälliger für ein weiteres Finanzdebakel geworden ist. Die Risiken für den Anleger, den Staat, aber vor allem für die steuerzahlende Bevölkerung, werden immer größer und unübersichtlicher. Bis ins Jahr 1971 gab es eine garantierte Konvertibilität zwischen dem US-Dollar und Gold. Nur sollte man sich niemals auf staatliche Garantien verlassen. Wie heute, hatten damals Amerikas diverse Kriegsabenteuer, primär der Vietnamkrieg, Amerikas Goldreserven stark unterhöhlt. Die Fort Knox-Goldreserven waren bereits 1969 derartig angefressen, dass die US-Regierung unfähig war, Dollarreserven der Franzosen in ausreichendem Maß in Goldbarren an Frankreich zu liefern. Amerika lebte bereits 1971 deutlich über seinen Verhältnissen. Aber anstatt die Ausgaben und Einnahmen einigermaßen im Lot zu halten, wich Amerika 1971 vom Goldstandard ab. Diese Entkoppelung des US-Dollars vom Gold hat dazu geführt, dass alle wesentlichen Währungen mittlerweile nur noch durch das nackte Vertrauen der Anleger untermauert sind. Angeblich verfügt Deutschland nach den USA über die zweitgrößten Goldreserven der Welt. Den amerikanischen Zahlen kann man prinzipiell nicht trauen. Dass diese Schätze größtenteils in Frankreich und Amerika gelagert sind und nicht bei der Bundesbank, halte ich für grob fahrlässig. Und dieses naive Vertrauen in die großen Währungen beruht auf Leichtgläubigkeit, komplizierten Lügengeflechten und medialer Verdummung, aber ganz sicher nicht auf harten Fakten. Wenn wir einem guten Bekannten Geld leihen würden, der derartig verschwenderisch lebt und mit unserem gepumpten Geld nur so um sich schmeißt, würde uns das den Angstschweiß ins Gesicht treiben. Wenn man zum Beispiel die Gesamtverschuldung und die Verbindlichkeiten der USA addiert, sind diese circa dreimal höher als das Eigentum. Das ist ungefähr so, als hätten Sie ein Haus, das 100 000 Euro wert ist, aber bei der Bank mit 300 000 Euro in der Kreide steht. Dazu kommt, dass Ihre Ausgaben jedes Jahr circa fünfmal höher sind als Ihre Einnahmen. Wie soll so etwas gut gehen? Das kann und wird es nicht. Eine finanzielle und wirtschaftliche Kernschmelze ist vorprogrammiert, nur das Timing steht noch nicht fest. Der einzige wahre Unterschied dieser Verwerfungen zum WCM-Beispiel besteht darin, dass dort die Verantwortlichen größtenteils ihre Jobs und die Investoren ihr Geld verloren haben. Obwohl die Verluste der Bremer Vulkan zu einem erheblichen Teil auch beim deutschen Steuerzahler gelandet sind, haben die Banken und Anleger tatsächlich herbe Verluste realisiert. Die Verluste wurden bei Bremer Vulkan, im Gegensatz zur globalen Bankenrettung, aber »nur« teilsozialisiert. Die Deregulierung des Bankenwesens durch die Politiker ist primär für diverse Finanzdebakel der vergangenen vier Jahrzehnte verantwortlich. Deswegen sollten Sie also nicht so viel auf den armen Bankern herumhacken. Ihre miesen Spiele sind nur möglich, weil die gekauften Politiker sie ermöglichen, beziehungsweise sogar unterstützen. Ganz entscheidend ist, in einem derartig explosiven Umfeld nicht die Nerven oder die Courage zu verlieren. Auf politischer Ebene gibt es vielversprechende Lösungen, auch wenn die Politiker diese höchstwahrscheinlich nicht umsetzen werden. Der Bürger kann sich aber auf das kommende Desaster vorbereiten. Mehr dazu in Teil 2 dieses Buches. Jeder gute fundamental orientierte Baissier sehnt sich nach einem extrem riskanten Umfeld, das von seinen Konkurrenten, den anderen Marktteilnehmern, als normal oder zumindest als relativ intakt empfunden wird. Vor allem sieht er in manipulierten Märkten, einem hohen Verschuldungsgrad, fragwürdigen Bilanzierungspraktiken, sowie amoralischen und konfliktbehafteten Verflechtungen extreme Ertragschancen, da er von der Prämisse ausgeht, dass solche Usancen früher oder später zur Kursimplosion führen. Ganz besonders attraktiv findet er es, wenn in diesem maroden Umfeld die Bewertungen historisch sehr hoch sind und potenzielle Risiken größtenteils ignorieren. Noch besser wäre es, wenn eine regelrechte Anlageeuphorie erkennbar wäre und unerfahrene, amateurhafte Investoren Haus und Hof verpfänden, um an der Rallye teilzunehmen. Auf der Wunschliste des Baissiers fehlen jetzt nur noch Events oder Katalysen, die seine Konkurrenten dazu bringen, überteuerte Wertpapiere abzustoßen, damit er seine Leerverkaufspositionen mit hohem Gewinn zurückkaufen kann. Letztlich sehnt sich der Baissier danach, dass die Stimmung am Markt von Euphorie in Panik umschwenkt. Irgendwie ist der Vollzeit-Baissier ein kranker Mensch, denn er kann sich nur freuen, wenn alles schiefläuft. Ich kenne den Baissier besser als meine eigene Hosentasche. Eigentlich möchte ich nicht mehr in seiner Haut stecken. Trotzdem ist das folgende Kapitel sehr wichtig, damit Sie die historischen Präzedenzen einordnen können.

Manipulierte Märkte und Werte

In der Weltgeschichte gab es schon immer enorme Spekulationsblasen. Oft zitiert wird in diesem Zusammenhang die holländische Tulpenblase von 1637. In dieser Zeit konnte eine einzige Tulpe der Marke Viceroy mehr als 500 Kilogramm Käse wert sein. Interessant ist auch die Geschichte der Companie des Indes (CDI), einer Entwicklungsgesellschaft für französische Handelsgeschäfte, die durch die französische Staatsbank, der Banque Royale, begleitet und finanziert wurde. Das Kernproblem der Spekulationsblase von 1720 war, dass die Banque Royale durch einige opportunistische Bankster, wie Herrn Law, derartig missbraucht wurde, dass dieses Fehlverhalten zur Zahlungsunfähigkeit und einem massiven Crash führte. Irgendwie erinnert mich das CDI-Desaster an die aktuellen Geschehnisse an der FED/PRB. Der Crash von 1929 basierte, ähnlich wie heute, auf extremen Schulden und industriellen Überkapazitäten.

Viel wichtiger in diesem Kontext ist die Historie der sogenannten Fiatwährungen.

Fiatgeld ist ein Objekt ohne intrinsischen Wert, das als Tauschmittel und Zahlungsmittel dient. Das Gegenteil von Fiatgeld ist Warengeld, das zum Beispiel als Gold oder Silber neben dem äußeren Tauschwert auch einen intrinsischen (eigenen) Wert hat. Heutige Währungssysteme legen den Wert der Währung nicht durch eine offizielle Rate im Verhältnis zu einem Rohstoff fest. Stattdessen wird der Wert über die Macht der Regierung beziehungsweise durch Steuereinnahmen gesichert. Durch eine gesetzliche Festlegung als Zahlungsmittel in einer Währungsverfassung erlangt sie aber nicht zwangsläufig die Eigenschaften einer harten Währung, sondern erst durch die allgemeine Akzeptanz von Handelspartnern, Schuldnern, Investoren und Zahlern, auch hinsichtlich Wert und Kurs der Währung. Fiatgeld beruht letztlich einzig und allein auf dem Vertrauen der

Bevölkerung in die Regierung und deren Zahlungsfähigkeit. Theoretisch und praktisch erlaubt Fiatgeld eine Geldschöpfung in beliebiger Höhe. Das ist heute mehr der Fall als je zuvor in der tausendjährigen Geschichte der Banknoten. Geld, im klassischen Sinne, war historisch fast immer durch reale Werte untermauert, und deswegen war es für Regierungen und Monarchen äußerst schwierig, »harte Münze« in unbegrenzten Mengen zu produzieren. Die ersten Funde von vermutlichem Metallgeld stammen aus dem Mittelmeerraum und datieren um die Zeit 2000 vor Christus. Die ersten Münzen wurden im Reich der Lyder, einem indogermanischem Volk, in Kleinasien um 650 vor Christus als Zahlungsmittel herausgegeben. Dabei handelte es sich um eine unförmige, bildlose Gold-Silber-Legierung. Bildliche Darstellungen auf Münzen kamen um 600 vor Christus in Mode. Danach folgten Goldmünzen in verschiedenen Größen und Werten. Wertlose Münzen gab es bereits bei den Römern. Das war das erste Fiatgeld. Der Silbergehalt des Denari wurde so lange reduziert, dass letztlich kein Händler diese Münzen mehr als Zahlungsmittel akzeptierte. Der Solidus war die letzte römische Goldmünze von noch mehr vermindertem Gewicht. Da sie aber auf einem nachweisbaren Goldgehalt beruhte, wurde sie noch vom Handel als Zahlungsmittel geschätzt.

Das erste Fiatgeld war höchstwahrscheinlich der Denari. Der Silbergehalt dieser Münze wurde so lange reduziert, bis letztlich Händler diese Münzen nicht mehr als Zahlungsmittel akzeptierten. Der Denari war dann nur noch soviel wert wie sein Metallwert, also fast nichts.

Dasselbe werden wir mit Yen, Euro und dem US-Dollar erleben. Dieses Währungen verlieren, seitdem sie nicht mehr durch reale Werte gedeckt sind, ohnehin jedes Jahr an Kaufwert. Da nichts Wesentliches diese Währungen untermauert und die Emittenten dieser Zahlungsmittel, wie das römische Reich, hoffnungslos überschuldet sind, besteht das

Fortbestehen dieser Währungen allein auf dem Vertrauen der Anleger und Händler. Und dieser Glauben an die Solvenz und den Fortbestand der Zahlungsmittel wird durch endlose Geldvermehrung und immer höhere Schuldenberge früher oder später komplett einknicken.

Es ist nur eine Frage der Zeit, wann sich die Entwertung dramatisch beschleunigt und es zu einer Währungsreform kommt. Wann sind diese Währungen soviel wert, wie das Papier auf dem Sie gedruckt sind oder soviel wert, wie ein Knopfdruck auf einer Computertastatur? Wann sind Yen, Euro, US-Dollar soviel wert wie der Denari?

Diese Entwicklungen gibt es bereits seit 2.600 Jahren und sie wiederholen sich in relativ regelmäßigen Abständen. Das Endresultat war ausnahmslos immer dasselbe: massive Entwertung. Sollte es diesmal wirklich anders kommen? Genau das versucht Ihnen die Geld-Lobby und ihre Vasallen, die Politiker und Notenbankster zu erzählen. Glauben Sie denen kein Wort. Schützen Sie sich und Ihre Nächsten!

China war das erste Land der Welt, in dem Papiergeld genutzt wurde. In der westchinesischen Stadt Chengdu wurde Papiergeld bereits in der frühen Nördlichen Song-Dynastie (960–1127) herausgegeben. Um 1024 wurde Papiergeld als Notgeld zur Finanzierung eines Krieges eingesetzt, als Münzen knapp geworden waren. Später wurde in China das Papiergeld wieder vollends abgeschafft, da es oft vorkam, dass Kaiser gewaltige Mengen von Banknoten drucken ließen, ohne deren Deckung zu beachten. Es kam daher immer wieder zu starker Inflation (der Zunahme des allgemeinen Preisniveaus über einen längeren Zeitraum) in China. In Europa wurde das Papiergeld erst viel später eingeführt. So fand die erste Ausgabe von Papiergeld 1483 in Spanien statt. Diese Belagerungsscheine waren damals jedoch nur vorübergehender Ersatz für fehlendes Münzgeld und verloren sehr schnell ihren Wert. Zwischen 1483 und 1720 gab es etliche Versuche, Fiatgeld zu etablieren.

Diese Versuche endeten alle entweder in galoppierender Inflation oder Entwertung. In großem Stil wurde Papiergeld erstmals in Frankreich unter Finanzminister John Law in der kurzen Zeitspanne von 1718 bis 1720 verwendet; auch diese Episode endete jedoch in einem Fiasko. Auch für die folgenden 250 Jahre scheiterten alle Versuche, durch nichts abgesicherte Währungen langfristig zu etablieren (Frankreich mehrmals, Weimarer Republik, Türkei, Polen, Russland, Argentinien, Österreich, Brasilien, Mexico, Thailand, Ungarn, Zimbabwe, Südkorea, Indonesien und so weiter). Die Konsequenz waren drakonische Sparmaßnahmen, der Zusammenbruch von Nationen, knallharte Finanzrepression, meistens Hyperinflation, die in der Regel durch eine Währungsreform zumindest zeitweise »geheilt« wurde. In der gesamten Historie der Banknote vor 1971 gab es bisher noch keine ungedeckte Währung, die mehr als 43 Jahre überlebte. Mittlerweile haben Yen und Dollar diese historische Marke überschritten. Aus historischer Sicht und in Anbetracht der Rekordverschuldung, der massiv steigenden Geldmenge und der ständig steigenden Staatsausgaben, ist es kaum vorstellbar, dass diese Papierwährungen ihr 50. Lebensjahr, also spätestens 2021, ohne erhebliche Wertberichtigungen erleben werden. Diese Voraussage sollte eigentlich niemanden überraschen. Immerhin ist die Kaufkraft des Dollars seit 1971 um 82 Prozent gefallen, und der Greenback hat gegenüber dem Schweizer Franken, einer relativ soliden Währung, mehr als 80 Prozent an Wert verloren. Im Einklang mit unseriösen Staatsfinanzen haben sich seit 1971 in den USA auch Bilanzierung und Bewertungspraktiken eingeschlichen, die das Herz des Leerverkäufers höher schlagen lassen. Mehrmals wurden die Voraussetzungen zur Ermittlung der Inflationsrate und des Wachstums derartig verändert, dass die reale Inflationsrate viel höher ist als die ausgewiesene. Das Gleiche gilt für die Wachstumszahlen, die durch Datenmanipulationen überproportional gestiegen sind. Würden die Amerikaner die deutschen Bewertungsmethoden für das Wirtschaftswachstum einsetzen, würden sich diese Zahlen sofort halbieren. Auch die Berechnung der Arbeitslosenquote ist seit 1971 derartig pervertiert worden, dass sie heute fast vollkommen an Aussagekraft verloren hat. Es ist statistisch möglich, dass jeder Amerikaner arbeitslos wäre, aber trotzdem die offizielle US-Arbeitslosenquote bei 0,0 Prozent liegen würde. Die Ermittlung der gesamten Geldmenge (M3), einer extrem relevanten Statistik, wird gar nicht mehr durch die amerikanische Regierung veröffentlicht. Diese Manipulationen sind immer politisch begründet und verklären die wirkliche Wirtschaftslage. Je mehr Intransparenz, desto wackliger ist in der Regel das Konstrukt. Trauen Sie niemanden, vor allem nicht den Finanzkommentatoren, den Medien, den Notenbankern (Notenbankstern) und den Politikern und orientieren Sie sich nicht an Statistiken, die Sie nicht selbst gefälscht haben. Für diejenigen, die sich intensiver mit diesen Datenverrenkungen beschäftigen wollen, gibt es im Anhang Links zur Weiterbildung. Für den professionellen Baissier sind verfälschte Zahlen, undurchsichtige Bilanzen, künstliche geschaffene Werte, Fiatgeld, explosionsartige Vermehrung der Geldmenge sowie Verflechtungen zwischen Management, Kapital und Politik nahezu perfekte Indikatoren, um gezielt Short-Kandidaten zu finden und massive Baissepositionen zu lancieren. Genau in diesem Umfeld befinden wir uns zurzeit. Aber die Bewertungen sollten hoch sein, sonst kann er seine Gewinne durch den Absturz nicht maximieren.

Bewertungen (August 2015)

In der gesamten Weltwirtschaftsgeschichte waren Nationen und Bürger noch niemals so hoch verschuldet wie heute. Niemals hat das Gros der führenden westlich orientierten Länder derart kontinuierlich so hohe Defizite ausgewiesen wie in den vergangenen zehn Jahren, nicht einmal während der Großen Depression von 1929 bis 1941 und nicht einmal während des Ersten und Zweiten Weltkriegs. Und niemals waren die Zinsen so niedrig. Auch dies bringt den Baissier massiv zum Denken. Er erwartet zwar ein aufgrund der schwachen fundamentalen Nachfrage deflationäres Umfeld, aber er achtet mit messerscharfem Verstand auf Anzeichen einer Vertrauenskrise. Denn, wenn sich die Vertrauenskrise abzeichnen sollte, spekuliert er massiv auf alle Währungen und Zinsoptionen (Zinsoptionen sind Vereinbarungen zwischen zwei Parteien, die dem Käufer der Option das Recht gibt, ein zugrundeliegendes festverzinsliches Wertpapier zu einem fixierten Preis zu kaufen. »Deflation hin oder her« sagt er sich, wenn das Vertrauen einbricht, muss ich vorher in diversen Baissepositionen positioniert sein. Das würde dafür sprechen, bereits heute mit einer kleinen Baisseposition bei zehnjährigen Anleihen anzufangen. Die USA erlebten die 1920er-Jahre als Zeit großer wirtschaftlicher Prosperität. Unregulierter Kapitalismus, Selbstregulierung und die sogenannte Politik des »Laissez-faire« (des Nichteingreifens in die Wirtschaft) war damals genauso prägend wie in den letzten Dekaden bis zum Jahr 2008. In diesem Jahr begann die größte Marktmanipulation der Weltgeschichte durch die Politiker und Notenbanker (in den USA Notenbankster), eine Geldschwemme, die bei weitem die gesamten Militärausgaben im Zweiten Weltkrieg übertroffen hat. In den 1920er-Jahren kam es in den USA zu einer deutlichen Ausweitung der Konsumgüterproduktion und der landwirtschaftlichen Produktion. Gleichzeitig bestand eine sehr ungleiche Vermögensverteilung. Heute ist die Situation noch drastischer als vor 76 Jahren. Der Gini-Koeffizient (GK) kalkuliert die Verteilung der Vermögen innerhalb der Bevölkerungsstruktur, unter anderem die Vermögensverhältnisse der reichsten zehn Prozent der Bevölkerung zu den ärmsten zehn Prozent. Der aktuelle US-Gini-Koeffizient (Multiplikator) liegt mit einem Stand von 0,47 in den USA weniger als zehn Prozent unter den Höchstwerten von 1929. Der deutsche GK liegt derzeit bei 0,7. Volkswirtschaftlich gesehen sollte jedes Land eine starke und große Mittelschicht anstreben. Der breit aufgestellte Wohlstand ist wesentlich stabiler, robuster und gesünder als eine Vermögenskonzentration auf eine verschwindend kleine Elite, der fast alles gehört. Einen sehr hohen GK findet man zumeist in sehr armen Ländern, die gelegentlich auch abwertend als Bananenrepubliken bezeichnet werden. Der aktuelle amerikanische GK befindet sich auf Augenhöhe mit El Salvador, Mexiko, Niger, Peru und Swasiland. Der amerikanische GK wächst ständig. Das sollte auch niemanden überraschen, da amerikanische Megamillionäre in der Regel wesentlich geringere Steuersätze (22 Prozent) haben als ihre Sekretärinnen (circa 30 Prozent). Das geht auch nur deswegen, weil die Megamillionäre voll und ganz die Politik bestimmen. Durch den Zusammenbruch der Wirtschaft waren 1932 rund 25 Prozent aller US-Amerikaner arbeitslos, also etwa 15 Millionen Menschen; vor der Wirtschaftskrise lag die Arbeitslosigkeit bei neun Prozent. Wenn man dieselbe Methodik zur Ermittlung der Arbeitslosenquote wie im Jahr 1929 anwendet, ergibt sich eine aktuelle US Arbeitslosenquote von circa elf Prozent. So etwas nenne ich ironisch. Ein Großteil arbeitete damals in schlecht bezahlten, prekären Arbeitsverhältnissen, um sich und die Familie über Wasser zu halten. Auch bei uns war die Teilzeitquote niemals höher als zurzeit. Die Durchschnittslöhne fielen um 60 Prozent. Die Arbeitslosenquote in anderen Ländern stieg bis auf 33 Prozent. Und jetzt kommt der springende Punkt. Noch nie gab es ein derartiges Geldmengenwachstum ohne Inflation und Entwertung. Seit Jahrzehnten wächst der Gini-Koeffizient in fast allen wichtigen Wirtschaftsregionen. Noch nie hatten die Banken mehr Macht als heute. Die Expansion der Konsumgüterindustrie beruhte während der Großen Depression zum Teil darauf, dass viele US-Bürger einen Teil ihres Konsums über Kredite finanzierten. Das aktuelle Dilemma beruht auf ähnlichen Faktoren wie der Crash von 1929, nur hat der Hypothekenboom und die Bankensubvention/»Bandensubvention« das System noch zusätzlich mit Schulden belastet. Noch nie waren die westlich orientierten Finanzsysteme, Staatshaushalte und die Bürgerschaft aus Debitoren- und Cashflow-Gesichtspunkten derartig strapaziert. Und gleichzeitig waren die Zinsen niemals niedriger. »Déjà-vu« oder kommt Ihnen das nicht alles irgendwie bekannt vor? Das schreit förmlich nach einer massiven Kurskorrektur, oder wie es mein alter, etwas kranker Freund der Baissier sagen würde, die »short-opportunity of a lifetime«.

Dramatisch nach unten manipulierte Zinsen führen zu irrealen, überteuerten Bewertungen

Aufgrund der kontinuierlichen Geldmengenexpansion sind die Zinsen so niedrig wie nie zuvor. Eigentlich ist das nicht logisch. Normalerweise hätte dieses fieberhafte Gelddrucken der Notenbanken zu sehr viel höherer Inflation und zu dramatischen Abwertungen führen müssen. Es gibt drei wesentliche Gründe, warum dies bisher nicht der Fall ist: Erstens, das Geld kommt nicht beim Bürger oder in der realen Wirtschaft an, sondern primär nur bei den Spekulanten. Zweitens, die Notenbanken und die Geschäftsbanken benutzen dieses Fiatgeld um Aktien, marode Staatsanleihen und Schrottanleihen zu erwerben. Damit steigen die Kurse der Anleihen und die Renditen fallen. Drittens, die Bevölkerungsstruktur der westlich orientierten Wirtschaftsnationen ist derartig veraltet, dass die Konsumnachfrage und das Wirtschaftswachstum auch durch gigantische Gelddruckmaßnahmen gar nicht angekurbelt werden kann. Aufgrund der expansiven Geldpolitik sind die Zinsen auf einem historischen Tiefstand. Mit diesem Geld kaufen die Notenbankster den anderen Bankstern Schrottpapier ab, um sie zu entlasten. Dieser Dreck bleibt natürlich irgendwann am Steuerzahler hängen. Der andere, vielleicht gewichtigere Faktor ist die alternde Bevölkerung in den wichtigsten westlich orientierten Wirtschaftsnationen. Heute sind die Babyboomer zwischen 50 und 69 Jahre alt. Ihr stärkstes Konsumverhalten war in der Periode 1982 bis 2007. In Japan wurde die Spitze des Babyboomer-Konsums 1994 erreicht. 21 Jahre später liegt der Nikkei Index (der wichtigste Aktienindex Asiens) immer noch 50 Prozent unter seinem Höchstand. Über zwei Jahrzehnte waren die japanischen Leitzinsen de facto bei null, ohne die geringsten wirtschaftlichen Impulse zu bewirken. (Der Leitzins ist der von einer Noten- oder Zentralbank festgelegte Zinssatz, zu dem sich eine Geschäftsbank Kapital beschaffen beziehungsweise sich refinanzieren kann.) In Japan hat man krankhaft versucht, die Wirtschaft durch Finanzspritzen und eine Vielzahl von fiskalischen Maßnahmen anzukurbeln. Ohne jeglichen Erfolg. Wer kommt denn auf die hirnrissige Idee, dass das in Europa und Amerika anders ablaufen sollte? Das einzige Resultat dieser expansiven Geld- und Fiskalpolitik ist eine systemgefährdende Staatsverschuldung, die irreparabel ist. Seit einigen Jahren sparen die europäischen und amerikanischen Babyboomer für ihren Ruhestand oder sind bereits in Rente. Jetzt wiederholen die amerikanischen und europäischen Notenbanker und Politiker genau dieselben Fehler, welche die Japaner vor circa zwei Jahrzehnten bereits begangen haben. Seit über zwei Jahrzehnten leidet die japanische Wirtschaft trotz endloser Finanzspritzen und hoher Infrastrukturinvestments. Wie kann man so ignorant sein und denselben Fehler begehen und dabei ein anderes Resultat als Überschuldung, Stagnation und eine gehörige Dosis Deflation erwarten? Es gibt fast 300 Millionen Babyboomer. Wer oder was soll diese Menschen zu einem unnatürlichen und unlogischen Konsumverhalten bewegen können? Die Mehrzahl dieser Individuen wird sparen, wenn sie irgendwoher mehr Geld bekommt, oder ihre Schulden reduzieren. Diese Menschen – ich gehöre dazu – geben Geld für medizinische Behandlungen aus, aber nicht für das neueste Benz-Modell. Keine expansive Geldpolitik der Welt wird das Kaufverhalten dieser Megageneration wesentlich beeinflussen können. Die Kernprämisse der expansiven Geldpolitik basiert auf nichts anderem als Wunschdenken, denn die Machthaber, ihre Banker und die Megareichen versuchen, eine Dampfwalze mit einem Fiat 500 aufzuhalten und zur Umkehr zu zwingen. Nicht zufällig erfolgte der Crash des Nikkei-Index in 1994, und der Immobilien-Crash von 2006-2009 zu einem Zeitpunkt, an dem der Höhepunkt der Ausgabefreudigkeit der Babyboomer-Generation überschritten wurde. Seit 1994 hat der japanische Aktienindex real über 70 Prozent seines Wertes verloren. Warum sollte das in Amerika oder Europa anders sein? Der einzige Unterschied ist, dass dieser Einbruch bei uns viel schneller vonstattengehen könnte, vielleicht sogar schon in 2016 oder 2017, oder dass der Crash sich bis 2022 in einer langen Talfahrt hinzieht. Die Unternehmensgewinne werden – wie in Japan – stagnieren oder rückläufig sein. Die Gewinnmargen werden größtenteils einbrechen, und mit ihnen die Nettogewinne und somit die Börsenkurse. Auch die Multiplikatoren, mit denen diese Gewinne bewertet werden, werden zurückgehen. Diese negative Entwicklung wird sicherlich nicht alle Firmen gleichmäßig treffen, aber der Profi-Baissier weiß jetzt schon ziemlich genau, wer untergeht, wer leidet, wer überlebt und wer gewinnen wird. Noch ist diese Entwicklung für 99 Prozent der Marktteilnehmer nicht erkennbar. Das findet der etwas moralisch entartete Short-Seller super gut.

Konkrete Bewertungen

Seit über drei Jahrzehnten beschäftige ich mich mit Wertpapierbewertungen, meistens mit erheblichem, messbarem Erfolg. Wie bereits erwähnt, war meine Leistung als Baissier beindruckender, als mein Track Record als banaler Haussier (jemand, der auf steigende Kurse spekuliert). Für mich gibt es circa 100 relevante Kriterien, um zu ermitteln, ob eine Aktie, eine Anleihe, eine Wirtschaft oder eine Börse überteuert ist. Um dieses Buch nicht in ein Fachbuch für Börsenbewertungen ausarten zu lassen, werde ich mich auf einige wenige Bewertungsindikatoren konzentrieren:

Der Warren Buffett Index: Dieser Index vergleicht den Wert der wesentlichen börsennotierten Unternehmen mit der Wirtschaftsleistung (BIP). Dieser Index deutet glasklar auf eine signifikante Überbewertung hin. Dieser Indikator war in der Vergangenheit extrem verlässlich.
Tendenz: negativ.

Der Shiller P/E Index: Dieser Aktienindex weist eindeutig auf eine Überbewertung der amerikanischen Aktienmärkte hin und hätte seit dem Jahr 1900 alle großen Crashs vorhersagen können. Tendenz: negativ.

Skyscraper Index (Wolkenkratzer-Index): Hier geht es um die Bauprojekte der höchsten Gebäude der Welt. Dieser Index wird von vielen belächelt. Ich nehme ihn ernst. Er prognostiziert einen signifikanten Börsencrash für 2017 oder 2018. Tendenz: negativ.

Dividendenrendite-Indikator: Dieser Indikator misst die durchschnittliche Dividendenrendite zum Börsenwert: ein nützliches und bewährtes Bewertungsinstrument. Dieser Indikator zeigt eindeutig auf Rot. Selten waren die Dividendenrenditen niedriger als heute.

Börsen/Unternehmenswert zum Eigenkapital: Für mich ein sehr wertvoller Indikator für den Leerverkauf sowie den Erwerb von Aktien. Diese Indizes stehen über dem Niveau des Crashs von 1987, aber noch zehn Prozent unter den Höchstwerten von 2007. Tendenz: neutral, negativ.

Q-Ratio (Tobin's Q oder Marktwert-Buchwert-Verhältnis): Dies ist ein sehr wichtiger und verlässlicher Indikator, der seit dem Jahr 1900 verlässlich Börsenbaissen und Börsenhaussen vorausgesagt hast. Die Q-Ratio ist einer meiner Lieblingsindikatoren. Die Q-Ratio liegt über dem Höchststand der Crashs von 1929, 1987 und 2008. Ernst zu nehmen ist zudem, dass die Q-Ratio über dem Niveau von 1966-1969 liegt. Börsenprofis werden sich erinnern, dass die US-Börsen von 1966 bis 1982 stillgestanden haben und inflationsbereinigt über 50 Prozent ihres Wertes verloren haben. Fazit: definitiv verkaufen. Tendenz: negativ.

Gewinnwachstum und Produktivitätssteigerung: Bei beiden Indikatoren ist eine deutliche Verlangsamung und Ermüdung zu erkennen. Ohne Aktienrückkäufe würde das Gewinnwachstum der größten US-Unternehmen gegen null tendieren. Auch die Dollarstärke drückt das Gewinnwachstum vieler amerikanischer Unternehmen. Fazit: Dunkelorange mit Rottönen. Tendenz: negativ.

Gewinnmargen-Indikator: Dieser Indikator bewertet die historischen Gewinnmargen der größten Unternehmen. Seit 1946 waren die Gewinnmargen der Unternehmen niemals höher als jetzt. Für mich ist dieser Index sehr wichtig, denn die Bewertungen der aktuellen Börsengewinne sind im obersten Viertel der historischen Skala. Und die Gewinnmargen sind auf absolutem Rekordhoch. Hier besteht ganz wenig Spielraum für negative Überraschungen. Es gab seit 1900 keine mittelfristige Wirtschaftsphase, in der sich die Gewinnmargen auf einem derartigen hohen Niveau halten konnten. Es ist höchstwahrscheinlich, dass die Gewinnmargen noch vor dem Jahr 2020 einbrechen werden, so wie die Kurs-Gewinn-Verhältnisse und die Dividendenzahlungen. Diese drei Faktoren, sowie die Leitzinssätze der Notenbanken und die Renditen der mittel- und langfristigen Anleihen, sind für circa 80 Prozent der Aktienbewertungen verantwortlich. In einer abschwächenden Wirtschaft werden die Gewinne und die Dividenden der Unternehmen fallen. Die Leitzinsen lassen sich nur schlecht voraussagen, da diese von den Notenbankern bestimmt werden. Tendenz: negativ.

Umsatz-Indikator: Dieser Index vergleicht das Verhältnis zwischen Börsenwert und dem Umsatz der größten börsennotierten Unternehmen. Auch hier steht die Ampel auf Rot. Tendenz: negativ.

Bubble Index: Gehen Sie auf www.bubbleindex.com. Vielleicht etwas für Spinner, aber die liegen manchmal richtiger als die Konsensus-Meinung, vor allem wenn es brenzlig wird. Der Bubble Index für Anleihen und Aktien steht glasklar auf Verkaufen. Tendenz: negativ.

IQ-Indikator: Ich achte sehr darauf, was die Smartesten und Reichsten zu Börsenbewertungen sagen. Zu dieser Liste gehören Gates, Buffett, Paul Hodges, Professor Otte, Kyle Bass, Bill Gross, George Soros, Nassim Taleb, Marc Faber, Ron Paul und ein Dutzend anderer. Alle diese Individuen sind entweder sehr erfolgreich oder haben in der Vergangenheit Krisen frühzeitig erkannt und rechtzeitig vor ihnen gewarnt oder sogar davon profitiert. Diese Stimmen muss man ernst nehmen. Das bedeutet hohes, vielleicht sogar akutes Risiko. Tendenz: negativ.

US Consumer Sentiment Index: In den Top 10 Prozent aus historischer Sicht. Die Konsumenten sind optimistisch gestimmt. Dies ist ein klassischer und verlässlicher Kontra-Indikator. Das bedeutet beim aktuellen Niveau Risiko. Tendenz: negativ.

CBOE Put / Call Index: Hier sieht man das Verhältnis zwischen Kaufoptionen und Verkaufsoptionen. Dies ist ein sogenannter Konträrindikator. Wenn die Zocker (Amateure) viele Kaufoptionen (Calls) kaufen, sollte man eher leer verkaufen. Wenn die Zocker tonnenweise Verkaufsoptionen (Puts) kaufen, sollte man lieber Aktien verkaufen. Die Zocker liegen beim Market Timing fast immer schief. Schade für Monsieur Baissier. Dieser Index sagt uns, dass zurzeit zu viele Zocker auf eine kurzfristige Marktkorrektur setzen. Es fehlt noch die heiß ersehnte Euphorie, um die Short-Positionen perfekt timen zu können. Leider sind wir nicht die einzigen, die gewisse Blasenbildungen und sehr schlechte Chancen und Risiken-Verhältnisse an den Börsen erkannt haben. Professionelle Baissiers erhöhen zurzeit eindeutig ihre Short Exposure. Im Gegensatz zu den Optionszockern sollte man diese Gruppe wesentlich ernster nehmen. Fazit: Gemischt. Tendenz: neutral.

Euphorie- und Luxus-Indikatoren: Dies ist ein Sammelsurium von weltweiten Kunstmarktindizes, die Orderliste für Privatjets, Aktienbesitz der privaten Haushalte, welche Branchen die meisten Abgänger der Harvard Business School einstellen, der S&P Global Luxury Index und so weiter. Diese Indikatoren stehen zwar auf Verkaufen, sind aber nicht eindeutig negativ. Fazit: Orange. Tendenz: neutral.

Blasen- und Krisen-Indikatoren: Hier geht es darum, Blasen und potenzielle Risiken für die Aktien und Anleihemärkte zu identifizieren. An denen mangelt es zurzeit nicht. Einige Beispiele: Hightech-Firmengründungen, Biotech-Aktienindizes, VC Tech Investments, Immobilienpreise (Hong Kong, UK, Kanada, China), Leerstandsquote von Wohnungen, Wirtschaftliche Leitindikatoren, US subprime car loans (minderwertige Kredite zum Erwerb von Autos in den USA), Derivate Exposure im Verhältnis zur Weltwirtschaftsleistung, Globale und die gesamte sowie konsolidierte US-Verschuldung zur Weltwirtschaftsleistung beziehungsweise zum US BIP, Nationale Verschuldung zum Bruttoinlandsprodukt (der Wert aller in einem Land erbrachten Wirtschaftsleistungen in einer Periode), Verhältnis zwischen Rentiers und Erwerbstätigen, Verbindlichkeiten der 30 größten Banken zur Weltwirtschaftsleistung, Volatilität der wichtigsten Währungen, Gesamtverbindlichkeiten der Entwicklungsländer in USD, Gesamtkreditvolumen im Fracking Bereich (USA und Canada), FED Eigenkapital zu Verbindlichkeiten, die gleiche Ratio beobachte ich für die EZB und die Bank of Japan ... Wenn man sich diese Indikatoren etwas genauer anschaut, mangelt es nicht an Blasenbildungen oder Risikopotenzialen. Fazit: Rot. Tendenz: negativ

Das Verhältnis zwischen der Aktienperformance und der FED Bilanz: Dieser Faktor ist zurzeit wohlmöglich der wichtigste von allen. Jedes Mal, wenn die FED die Geldmenge erhöht, reagieren die Aktien positiv. Wenn nur geringe Zweifel aufkommen, dass dies nicht mehr der Fall sein sollte, korrigieren die Kurse sofort. Dieses Verhalten ergibt extrem viel Sinn, weil das Smart Money vermutet, dass die Wirtschaft sich ohne diese regelmäßigen Geldspritzen sehr schnell in einer deflationären Rezession befinden würde. Seit fast vier Jahren ist dieser Indikator sehr verlässlich. Alternativ sollte man auch auf die Geldmengenentwicklung im Verhältnis zur Performance der großen Aktienindizes achten. Wenn der Geldhahn abgedreht wird, hört die Musik auf zu spielen. Dessen bin ich mir sicher. Das könnte aber noch sehr lange dauern. Die Japaner praktizieren diesen Unsinn immerhin seit zwei Jahrzehnten und haben somit ihr Land sehr nah an den Rand des Ruins gebracht. Warum sollte das nicht in den USA oder Europa denkbar sein? Tendenz: negativ.

Fazit: Die meisten Bewertungen und Indikatoren deuten auf ein hohes Risiko, einige sogar auf ein sehr hohes kurzfristiges. Das bedeutet, dass das Chancen-Risiko-Verhältnis für Engagements in Aktien und Anleihen generell unattraktiv ist. Unternehmensgewinnmargen sind auf diesem Niveau mittelfristig nicht haltbar, vor allem wenn die Nachfrage zurückgeht, was ich für sehr wahrscheinlich halte. Der Markt hat sich mittlerweile eine Bewertung angewöhnt, die voraussetzt, dass wir moderates Wachstum auf Jahre erleben werden, und das bei historisch niedrigen Zinsen, trotz massiv gestiegener und steigender Schuldenberge. Diese Annahme erachte ich als unrealistisch. Für ein klassisches Crash-Szenario mangelt es noch an der Euphorie der Zocker und Kleinanleger. Für diese Investoren bleiben meist nur die Krümel oder die letzten zehn Prozent einer Börsenhausse übrig. Im letzten Stadium eines Börsenbooms lädt das sogenannte Smart Money seine Positionen auf die Kleinanleger und die Konsensinvestoren ab. Was aus meiner Sicht besonders hervorsticht, ist, dass die Märkte aktuell potenziell rückläufige Bewertungen und Erträge aufgrund einer deflationären Wirtschaft in keiner Weise berücksichtigen. Seien sie hellwach und vorbereitet!

Deflation

Wenn Preissenkungen auf gestiegener Effizienz beruhen, können sie sich auch positiv auf die Wirtschaft auswirken. Dieses

Szenario war im 19. Jahrhundert der Fall. Damals gab es starkes Wirtschaftswachstum, stabile oder sogar steigende Löhne und gleichzeitig positive Deflation. Im Gegensatz dazu beruhen die Preissenkungen der Deflation im 20. und 21. Jahrhundert ausschließlich auf fehlender Nachfrage, extremen Schulden und Bewertungsblasen. Dies führt dazu, dass Unternehmen nicht mehr investieren, weil Investitionen keinen ausreichenden Gewinn mehr versprechen, und Konsumenten ihre Konsumausgaben möglichst nach hinten schieben, weil die Produkte immer billiger werden. Die negative Deflation führt dann zu einer schweren Wirtschaftskrise und hoher Arbeitslosigkeit. Waren und Dienstleistungen werden stetig billiger. Folglich sinken die Gewinnerwartungen der Unternehmen, diese investieren weniger und versuchen stattdessen, die Kosten zu senken. Die Arbeitslosigkeit steigt, die Einkommen sinken. Es wird weniger konsumiert, die Nachfrage nach Konsumgütern schrumpft, und die Steuereinnahmen des Staates sinken. Die gesamte Wirtschaftsleistung verringert sich zunehmend. Die Folge ist eine Wirtschafts- und Börsenkrise. Eine negative Deflation ist für hoch verschuldete Regierungen, Firmen und Haushalte der absolute Albtraum. Preise, Gewinne und Löhne sinken in einer Deflation, aber der Rückzahlungswert von Krediten und anderen Schuldtiteln bleibt unverändert. Die Schuldner werden zu den großen Verlierern der negativen Deflation, da ihre über Kredite finanzierten Sachgüter in Geldeinheiten gemessen an Wert verlieren, aber sie nach wie vor den gleichen anfangs festgesetzten monetären Wert begleichen müssen. Deswegen werden die betroffenen Regierungen (EU, Japan, USA …) alles in ihrer Macht stehende tun, um eine Deflation zu verhindern, obwohl dies bereits bei mehreren erfolglosen Versuchen, die Wirtschaft durch die Gelddruckpresse anzukurbeln, gescheitert ist. Hingegen profitieren Besitzer von Geldvermögen (»Cash is King«) von einer Deflation, da ihr Kapital eine höhere Kaufkraft hat. In der Folge kommt es vermehrt zu Insolvenzen verschuldeter Unternehmen, mit negativen Auswirkungen auf deren Arbeitnehmer und Gläubiger (Kreditoren, Geldgeber). Die weitere Folge kann eine

Schuldendeflation sein, also eine Finanzkrise und eine sich durch die Sparmaßnahmen der Wirtschaftsakteure und der Bevölkerung immer weiter verstärkende Deflation mit der Folge der Vertiefung der Wirtschaftskrise. Ben Bernanke, der ehemalige Präsident der US-FED/PRB und viele seiner Kollegen gehen davon aus, dass eine Deflation durch geldpolitische und fiskalpolitische Maßnahmen, notfalls auch durch quantitative Lockerung (– Form expansiver Geldpolitik durch Ankauf von Staatsanleihen oder Wertpapieren durch eine Zentralbank; Ziel ist die Belebung der Konjunktur und unmittelbare Weiterleitung von Geld in die Finanzmärkte) »schnell« beendet werden kann. Leider liegt er mit seinen Annahmen ziemlich falsch. Es gab bisher drei gigantische Gelddruckmaßnahmen, aber ohne nennenswerte positive Wirkung für achtzig Prozent der Bevölkerung. Die realen Einkommen in den USA sind in der letzten Dekade, trotz dieser inflationären Maßnahmen, um fast zehn Prozent gesunken. Der reale Einkommensverlust der Deutschen liegt in derselben Zeitspanne bei etwas über einem Prozent. Die Reichen verdienen durch massive Kursgewinne, aber beim Otto-Normalverbraucher kommt nur ein verschwindend kleiner Prozentsatz dieser Geldschwemme an. Im Rahmen der Finanzkrise ab 2007 wurde von der FED/PRB und den Politikern eine »Gefahr der Deflation« gesehen. Diese Einschätzung war sicherlich richtig, aber die getroffenen Maßnahmen waren grundlegend falsch. Man hat die maroden Banken gerettet, den Megareichen hohe Verluste erspart und einen nicht rückzahlbaren Schuldenberg aufgebaut. Der kleine Mann wurde dabei total vergessen. Die Zeche muss er auch noch zahlen. In Japan ist seit den 1990er-Jahren, trotz massiver quantitativer Lockerungen und massiver Infrastruktur-Förderungsprogramme, ein rückläufiges Preisniveau zu beobachten. Seit über einem halben Jahrzehnt laufen die Gelddruckmaschinen in den USA, Japan und Europa auf Höchsttouren. Die realen Einkommen fallen trotzdem ständig. Die Nachfrage ist schlaff. Produktivität und Effizienz lassen sehr zu wünschen übrig. Selbst die Gewinnertragsdynamik der Unternehmen verlangsamt sich mittlerweile. Die Masse der alternden Babyboomer und ihr zurückhaltendes Konsumverhalten wirken gegen diese fiskalischen Regierungsmaßnahmen. Die Vergreisung der Bevölkerung haben die FED/ PRB-Verantwortlichen in ihren theoretischen Modellen nicht ausreichend – wenn überhaupt – berücksichtigt. Am Ende tut sich sehr wenig Positives. Das einzig Definitive sind dramatisch höhere Staats- und Notenbankschulden, für die letztlich der Steuerzahler aufkommen muss. Und ein Finanzsystem, das wesentlich mehr Knock-out-Risiken beinhaltet als vor der Krise.

Vermögensdeflation, Schuldendeflation

Besonders durch das Platzen von Spekulationsblasen, wie zum Beispiel den Immobilienblasen, und Börsencrashs in den Jahren 2006 bis 2009, kommt es zu einer Vermögensdeflation, vor allem, wenn die Vermögensgegenstände durch Kredite finanziert worden sind. Die sinkenden Vermögenspreise führen dann zur Überschuldung von Haushalten, wodurch es zu Kreditausfällen kommt und auch die Banken in Bedrängnis geraten. Da nun weniger neue Kredite vergeben werden, als auslaufen und ausfallen, sinkt die Geldmenge. Deswegen sparen die amerikanischen Privathaushalte seit einigen Jahren wie die Weltmeister. Die Verbindlichkeiten wurden seit 2007 um fast zehn Prozent, beziehungsweise um fast fünf Billionen Dollar reduziert. Auch dies geht zu Lasten des Konsums und fördert die Deflation. Sie tun dies, obwohl die US-Wirtschaft beeindruckende Wachstumszahlen veröffentlicht. Leider sind diese Statistiken teilweise gefälscht und entsprechen nicht der Realität. Das spüren die Bürger, denn sie wissen intuitiv, ob sie wirklich mehr oder weniger in ihren Portemonnaies haben. Ihr verfügbares, reales Einkommen fällt seit einem Jahrzehnt auf markante Weise. Das real verfügbare Einkommen der US-Mittelschicht befindet sich mittlerweile auf dem Niveau der späten 70er-Jahre. Deswegen schrumpft die Mittelschicht auch rapide. Die Megareichen (also die 0,1% der US-Bevölkerung) werden den Konsum kaum anschieben können, denn sie besitzen bereits alles. Zudem steigen gewisse Kosten in den USA, die nur minimal oder gar nicht in den Inflationszahlen berücksichtigt werden, wie zum Beispiel Mieten, Kosten für das Gesundheitswesen und die höhere Ausbildung. Auch die kommunalen Kosten, wie zum Beispiel Strom, Wasser, Elektrizität, Müllentsorgung, der gewerbliche Hebesatz und diverse Gebühren steigen in den USA und in Deutschland seit Jahrzehnten deutlich stärker als die ausgewiesene Inflation. Das bringt dem Staat zwar mehr Einnahmen, verringert aber das verfügbare Einkommen der Bürger und fördert somit deflationäre Tendenzen. Der Ökonom Heiner Flassbeck spricht von »Schuldendeflation«, die ihre Ursachen in der Spekulation von Banken und Fonds auf dauerhaft steigende Preise von Vermögensanlagen und den Kurswert bestimmter Währungen hat. Wenn diese Wetten zusammenbrechen, müssen fieberhaft Vermögensanlagen verkauft werden, deren Preise durch das gleichzeitige hohe Angebot kollabieren. Damit rechne ich. Auch die Marktliberalisierung, zum Beispiel das TTIP-Freihandelsabkommen, trägt zur Deflation bei. Zunehmender Wettbewerb durch binnen- oder außenwirtschaftliche Liberalisierung wirkt in der Regel preissenkend. Die Verlagerung von Arbeitsplätzen in Niedriglohnländer birgt deflationäres Potenzial. Wirtschaftssanktionen, wie zum Beispiel gegen Russland, können deflationsfördernd sein.

Fazit:

Ohne die Kursmanipulationen und Gelddruckmaßnahmen der Federal Reserve Bank (FED, PRB), der Europäischen Zentralbank und der Bank von Japan wäre die westliche Weltwirtschaft schon längst in einer mehrjährigen depressiven, negativen Deflation. Um einen Kollaps zu vermeiden, werden diese Interventionen seitens der Notenbanken höchstwahrscheinlich mindestens bis zur amerikanischen Präsidentschaftswahl im November 2016 fortgesetzt werden. Kleine Zinsanhebungen wären reine Kosmetik und dienen dazu, dem Markt mitzuteilen, dass die Geldvermehrungsstrategie funktioniert und die Wirtschaftsleistung stark nach oben tendiert. Das ist aus meiner Sicht eine Illusion, die zu einem erheblichen Teil auf unzuverlässigen und manipulierten volkswirtschaftlichen Daten basiert. Der Nachteil dieser Marktmanipulationen ist, dass durch diese Maßnahmen das Weltwirtschaftssystem mittelfristig einbrechen wird, da der Verschuldungsgrad in einigen Ländern so hoch ist, dass mittlerweile sogar minimale Zinssteigerungen zu dramatischen Abwertungen und sogar zur Staatsinsolvenz führen können. Zudem erwarten wir in den nächsten Jahren eine massive Vertrauenskrise in die großen Fiatgeld-Währungen: den Yen, den Euro und den US-Dollar. Der US-Greenback sollte als letzte große Währung einbrechen. Demographische Faktoren sind aus meiner Sicht gewichtiger als politisch motivierte Gelddruckkampagnen. Dies hat uns bereits das japanische Beispiel gelehrt. Trotz der Bemühungen der Notenbanken, unbedingt Inflation zu erzeugen, sind inflationäre Risiken in den nächsten zwei bis drei Jahren unwahrscheinlich. Mittel- und langfristig wird aber eine Hyperinflation immer wahrscheinlicher, ebenso wie ein wirtschaftlicher Kollaps und eine damit verbundene Staatsentschuldung durch eine tiefgreifende Währungsreform. Vorerst ist aber Cash King. Nur höchst selektiv würde ich attraktiv bewertete, nichtzyklische oder antizyklische Aktien halten. Selbst langfristige Anleihen der solventesten und am besten positionierten Emittenten (Institutionen oder Personen, die Wertpapiere in Form von Aktien, Anleihen oder Optionen ausgibt) sind noch für eine Weile erwägenswert. Aber bevor das tendenziell deflationäre Umfeld mit dem rein künstlich erzeugten Wirtschaftswachstum in ein inflationäres, mit verheerenden ökonomischen Konsequenzen behaftetes Klima umschwenkt, müssen Anleihen und Aktien verkauft werden und das Cash in nachhaltige Werte investiert sein, die in einem zunehmend inflationären Umfeld bestens performen.

Inflation

Inflation: Das (lat.) »Sich-Aufblasen«, »Aufschwellen« der Preise bezeichnet in der Volkswirtschaftslehre eine zu starke Ausdehnung der Geldmenge im Verhältnis zur realen Produktion von Gütern und Leistungen. Das bedeutet nichts anderes, als dass zu viel Geld auf Pump ausgegeben wird. Man lebt über seine Verhältnisse. Die Folge ist in der Regel eine allgemeine und anhaltende Erhöhung der Güterpreise, gleichbedeutend mit einer Minderung der Kaufkraft des Geldes. Gemessen wird die Inflation entweder durch Preisänderungen von Gütern bestimmter Warenkörbe oder durch den BIP-Deflator, der die Preisänderungen *der* Güter einer Volkswirtschaft abbildet. Natürlich können auch externe Schocks, wie stark steigende Energiekosten, zur Inflation beitragen. Inflation führt immer zur Geldentwertung. Eine sehr hohe Inflation, die auch Hyperinflation genannt wird, führt zu einer nahezu totalen Geldentwertung, die in eine Währungsreform mündet. Auf Deutsch bedeutet das, dass ihr Geld nichts mehr wert ist, weil man selbst mit sehr großen Summen fast nichts mehr kaufen kann. Aus meiner Sicht wird die Inflation auch durch starke expansive Trends des Bevölkerungswachstums erzeugt, zum Beispiel durch die hohen Geburtsraten in Europa nach dem Krieg bis circa 1970 oder in Japan in den Jahren von 1938 bis 1952. Diese Generationen, die oft als Babyboomer bezeichnet werden, verzerren in ihrer höchsten Leistungsphase (im Alter zwischen 25 und 50 Jahren) teilweise die natürliche Balance zwischen Angebot und Nachfrage für diverse Güter, wie Immobilien, Energie und Lebensmittel. Die Nachfrage übersteigt phasenweise das Angebot. Auch dadurch können Preise steigen. Dieses demographische Phänomen wird von dem Gros der Volkswirtschaftler als Inflationsursache nicht wahrgenommen. Außerdem werden wichtige Wirtschaftsbereiche, wie die Finanzgüter- und Immobilienmärkte, bei der Kalkulation der Inflation nicht berücksichtigt. So konnte man in den Jahren 2002–2007 im Dollarraum und im Euroraum ein deutliches

Wachstum der Geldmenge feststellen, was nach der Quanti-
tätsgleichung zu Preissteigerungen führen müsste. Diese
Preissteigerungen fand man in Bereichen, die vom Index der
Lebenshaltungskosten nicht erfasst wurden. So geht etwa
eine Steigerung der Immobilienpreise nicht in den Index der
Lebenshaltungskosten ein. Steht dieser Ausweitung der Geldmenge keine entsprechende Erhöhung des Realgüterangebots
gegenüber, so steigt das Preisniveau, ohne dass diese Tatsache
im Index der Lebenshaltungskosten deutlich wird. Selbst Wi-
kipedia erkennt, dass die Inflationszahlen stark manipuliert
werden: Seit Juli 2002 wird die Inflation wie in den USA und
Großbritannien nach der hedonischen Methode berechnet.
Dieses qualitative Verfahren führt zu deutlich niedrigeren
Inflationszahlen. In diesem Zusammenhang empfehle ich Ihnen dringend die folgende Webseite zu besuchen: http://www.
shadowstats.com. Hier werden Zahlenverdrehungen der Regierungen bei der Ermittlung des Wirtschaftswachstums, des
Verschuldungsgrades, der Inflation und bei anderen wesentlichen Faktoren offengelegt. Für hoch verschuldete Regierungen und Gesellschaften ermöglicht die Inflation in der Regel,
Kredite aus der Vergangenheit mit billigerem Geld (weniger
wertvollerem) Geld zu bedienen, beziehungsweise zurückzuführen. Seit Jahren versucht die US-Regierung ein inflationäres Umfeld zu schaffen, um mehr Steuereinnahmen zu
generieren. Gleichzeitig werden die Zinskurse künstlich nach
unten manipuliert, um die Zinsausgaben so niedrig wie möglich zu halten und um die Wirtschaft anzukurbeln. Zu diesem
Zweck werden auch etliche wirtschaftliche Indikatoren verändert und manipuliert. Aus Sicht der US-Regierung scheinen
diese verwerflichen, manipulativen Strategien leider nicht so
recht aufzugehen. Fakt ist, dass die Erträge des durchschnittlichen Bürgers fallen und somit auch seine Steuerabgaben.
Währenddessen steigen die Schulden und Verbindlichkeiten
der Regierung ins Uferlose. Die großen US-Unternehmen
zahlen aufgrund ihrer erfolgreichen Lobby-Aktivitäten praktisch keine Steuern und leisten nur fünf Prozent der gesamten

amerikanischen Steuereinnahmen. Selbst der US-Dollar steigt (noch) im Wert. Große Vermögen und die Megareichen werden wesentlich geringer besteuert als einfache Angestellte. Die Infrastruktur des Landes verkommt. Die Masse wird belogen, verblödet und verarmt. Geld wird primär für den Polizei- und Militärstaat ausgegeben. Aus wirtschaftlicher Sicht sind solche Ausgaben extrem unproduktiv. Hier läuft so ziemlich alles schief. Das wäre vielleicht nicht so schlimm für uns Deutsche. Unser Saustall ist wesentlich übersichtlicher, und bei uns ist das Kind noch nicht in den Brunnen gefallen. Leider leben wir nicht in einem Turm, sondern in der Weltgemeinschaft. Unsere Bankenkrise hatte ihren Ursprung nicht in Deutschland, sondern in den USA. Erhebliche Krisenherde bestehen in der EU sowie in Asien. Das wird auch beim nächsten Crash nicht anders sein. Und wenn wir nicht beginnen, radikal die richtigen politischen und wirtschaftlichen Entscheidungen für unser Land zu treffen, werden wir in denselben Malstrom wie Amerika, die Europäische Union und Japan gezogen. Dann heißt es wirklich: »Rien ne va plus«.

Fazit:

Mit einer Inflation oder einer hyperinflationären Krise ist den nächsten Jahren nicht zu rechnen, eher mit denselben ineffektiven und nutzlosen Maßnahmen. Es sieht alles danach aus, dass man dieselben Fehler wie die Japaner machen wird. Die Verschuldung und die Verbindlichkeiten werden weiter steigen. Man hat die Chance versäumt, nach der Krise von 2008/2009 effektive Maßnahmen zur Regulierung der Banken zu implementieren. Das gleiche gilt für den überwuchernden Lobbyismus (der Interessenvertretung und dem Einfluss von einzelnen oder mehreren Interessengruppen auf politische und gesellschaftliche Entscheidungen). Mittlerweile gibt es in den USA – selbst für Konzerne und Megareiche – keine Limits mehr, was Spenden für Politiker und ihre Parteien betrifft. Der kleine Mann wird somit zum einfachen Bauernopfer für die Machthaber. Die Megabanken und Konzerne sind nur noch einflussreicher geworden, als vor der Krise. Das gesamte Wirtschafts- und Finanzsystem ist noch vernetzter und größer geworden und somit wesentlich fragiler. Risiken werden ohne jegliche Konsequenzen an der Wahlurne auf den Steuerzahler transferiert. Der einfache Mann versteht die Zusammenhänge nicht richtig und glaubt mittlerweile sogar der Regierungspropaganda, dass die bösen Hedgefonds für das Debakel verantwortlich seien. Ad absurdum, perfectus. Die Politiker und ihre wahren Bosse, der Geldadel und die Bankster haben uns in eine Sackgasse geführt, aus der wir nicht wieder herauskommen. Das End-Spiel ist dann hohe Inflation, Geldentwertung und Währungsreform. Den Meistern der Universen geht es nur noch darum, so lange wie möglich an der Macht zu bleiben und ohne eigenes Risiko abzukassieren, egal was für Konsequenzen dieses Verhalten für die breite Masse oder kommende Generationen hat. Der Geldadel besitzt keine Staatsanleihen. Die intelligentesten Hedgefondsmanager, die einerseits zum Geldadel gehören und ihn gleichzeitig betreuen, positionieren sich bereits für eine Entwertung der amerikanischen, europäischen und japanischen Staatsanleihen. Und glauben Sie mir bitte eins, wenn die Werte dramatisch fallen, wird der Geldadel die attraktivsten Vermögenswerte zu Schleuderpreisen erwerben. Mit Cash oder mit werthaltigen alternativen Zahlungsmitteln wie Gold. Genau das passiert bereits in Griechenland. Das Land verscheuert seine Kronjuwelen. Und wer leitet das ein: Die Politiker und die Notengangster der EZB. Wer führt diese Transaktionen durch? Die Investmentbankster, wie zum Beispiel Goldman Sachs. Und wer sind die Käufer? Der globale Geldadel, vertreten durch Hedgefonds, Family Offices, Private Equity Fonds und andere Investitionsvehikel.

Was machen die Politiker oder: Das Spiel auf Zeit

Ist das kommende Debakel, welches sich bereits in den USA, Japan und der EU abzeichnet, überhaupt noch zu vermeiden? Ich kann Ihnen zu diesem Thema eine langatmige Analyse ersparen. Die Antwort lautet nein. Die eklatanten und offensichtlichen Versäumnisse der Vergangenheit waren einfach zu groß. Die Grundelemente einfachster wirtschaftlicher Gesetze wurden durch blödsinnige Interventionen derartig ausgehebelt, dass es jetzt kein Zurück mehr ohne schwerwiegende, wirtschaftliche und gesellschaftliche Konsequenzen geben kann. Hier wird nur noch auf Zeit gespielt. Solange, bis die mächtigsten Akteure und ihre wichtigsten Vasallen ihre Schäfchen im Trockenen haben. Das Spiel auf Zeit könnte aber ziemlich lange dauern. Der Handelsspielraum ist noch nicht gänzlich erschöpft. Zum Beispiel könnte die US-Regierung eine nationale Mehrwertsteuer einführen. Alternativ würden auch höhere Steuersätze für die Megaverdiener die leeren Staatskassen etwas auffüllen. Die größten Unternehmen könnten zur Abwechslung mal ein paar Steuern zahlen. Die Amerikaner könnten ihr Staatssicherheit-, Spionage-, Polizei- und Militärbudget locker halbieren. Selbst ein stark fallender Ölpreis hat erst einmal für etliche nicht erdölfördernde Entwicklungsländer und Industrienationen einen eindeutigen positiven Effekt. Man könnte die Wirtschaft auch dadurch ankurbeln, indem man der Bevölkerung, anstatt den Banken, Geschenke in Billionenhöhe machen würde. Diese durchaus vernünftigen Überlegungen halte ich für unrealistisch, da der politische Prozess in den USA, Japan und zunehmend in der EU derartig konfliktbehaftet, korrupt und versumpft ist, dass solche Maßnahmen von den wahren Machthabern verhindert oder blockiert werden. Trotzdem, das Spiel ist offensichtlich noch nicht am Ende. Der Verschuldungsgrad der EU und Amerikas ist zwar extrem hoch und ungesund, aber man ist noch sehr weit von desaströsen japanischen Verhältnissen entfernt. Das bedeutet, dass die Notenbanken weiterhin fleißig Geld drucken könnten und die Regierung weiter misswirtschaften dürfen. Andererseits spricht einiges gegen das Perpetuum mobile der sagenhaften Geldvermehrung. Was die deutsche Politik betrifft, wäre es nicht vermessen, zu resümieren, dass die Systemparteien schon seit einiger Zeit vor ihren amerikanischen Lehnsherren und dem internationalen Geldadel kapituliert haben und sich seit zwei Legislaturperioden aktiv für die Demontage der sozialen Marktwirtschaft einsetzen.

Schwarze Schwäne und mögliche Auslöser der kommenden Krise

Nassim Taleb, ein sehr erfolgreicher Hedgefondsmanager, Unternehmer, Akademiker, Bestsellerautor und angewandter Mathematiker, hat einmal ein Buch über schwarze Schwäne geschrieben. In diesem und in anderen Werken hat sich Taleb ausführlich mit dem Thema von unerwarteten Ereignissen beschäftigt, die massive Krisen auslösen können. Diese Events nennt Taleb die schwarzen Schwäne. Einige Beispiele wären: Die Terrorattacken vom 11. September 2001, der Bankrott von Lehman Brothers, die Gründung der OPEC (dem weltweiten Zusammenschluss erdölexportierender Staaten mit dem Ziel und der Strategie, Preis- und Mengenabsprachen zu treffen und die Erdölförderung zu regulieren) und so weiter. Besonders anfällig für solche Events sind überdimensionierte, stark vernetzte, konfliktgefährdete und korrupte Strukturen, die auf einem wackligen Fundament stehen. Der professionelle Baissier, mein alter, aber unglücklicher Freund, verbringt recht viel Zeit damit, solche möglichen Auslöser ausfindig zu machen, um mit optimalem Timing seine Baissepositionen aufzubauen. In der Vergangenheit war ich mir nicht zu fein und habe bewusst öffentlich auf die Probleme bei der Bremer Vulkan Werft oder beim WCM-Immobilienkonzern hingewiesen, um meinen Gewinn schneller als sonst realisieren zu können. Die folgende Liste führt nur einige wenige dieser denkbaren Schwarzen Schwäne auf:

> Allein die US-Verbindlichkeiten im Fracking-Bereich, die bei weiter fallenden Ölpreisen kaum bedient, geschweige denn zurückgezahlt werden können, liegen bei circa 300 Milliarden Dollar. Hier ist auch mit erheblichen Entlassungswellen zu rechnen, die deflationsfördernd wären und eine Rezession einläuten könnten.

> Verbindlichkeiten in den erdölproduzierenden Entwicklungsländern in harter Währung, die nicht mehr bedient werden können. Geschätztes Kreditvolumen: vier Billionen Dollar.

> Verbindlichkeiten der Entwicklungsländer insgesamt in »harten« Währungen. Stand derzeit circa neun Billionen US-Dollar.

> Rettungsaktionen wie bei Griechenland demnächst auch in Spanien, Frankreich oder Italien, die unbezahlbar wären.

> Portugal, Irland, Griechenland fordern »unerwartet« weitere Finanzspritzen.

> Der Euro stirbt oder wird in einen harten und weichen Euro gesplittet.

> China-Immobilienkrise und Verschuldungsblase. Aktueller Stand: circa. zwölf Billionen. 64 Millionen leer stehende Wohnungen. Das sind mehr leere Wohnungen als die Gesamtbevölkerung der ehemaligen Bundesrepublik beträgt. Man sollte diese Zahl mit dem Leerstand in Spanien vergleichen. Spanien leidet

unter der größten Immobilienkrise in ganz Europa.
Bei einer Bevölkerung von 47 Millionen stehen zwei
Millionen Neubauwohnungen leer. Das sind 4,26 Prozent. Der vergleichbare Prozentsatz in China ist
4,72 Prozent.

> China verscheuert seinen Bestand an amerikanischen
  Staatsanleihen, um inländische Probleme zu lösen.
  Das reduziert das Vertrauen in US-Staatsanleihen und
  führt zu signifikanten Kursverlusten.

> China macht den Renminbi international attraktiv
  und hoffähig, indem das Land seine Währung an das
  Gold koppelt. Der US-Dollar verliert fast über Nacht
  seinen Glanz als alternativlose Weltreservewährung.

> Die US-Republikaner weigern sich, die US-Haushaltsdefizite durch weitere Schulden zu finanzieren.
  Es kommt wieder einmal zu einem Stillstand der
  Verhandlungen. Aber dieses Mal kann man sich nicht
  auf eine Lösung einigen.

> Donald Trump wird Präsident der USA. Das muss
  nicht unbedingt eine Katastrophe sein. Aber der Markt
  hasst Unsicherheit, Risiko und potenzielle negative
  Überraschungen.

> Russland, China und der Iran gründen eine Wirtschaftsunion.

> Die von den Chinesen gegründete AIIB (Asian Infrastructure Investment Bank, eine Entwicklungsbank,
  die 2014 als Gegenpol zum IWF und der Weltbank gegründet wurde) verdrängt zunehmend den IWF (den
  Weltwährungsfonds) als Kreditgeber letzter Instanz.

➤ Steigende Anzahl der Insolvenzen von Kommunen (bisher 47 in den USA), Städten oder Bundesländern wie bereits Puerto Rico, Detroit, Stockton, San Bernardino und so weiter. Hier liegt das Kreditrisiko allein in den USA bei circa drei Billionen Dollar.

➤ Nur eine der dreißig systemrelevanten Großbanken erleidet eine Schieflage und muss gerettet werden. Auf dieser Liste stehen aktuell drei chinesische Banken und etliche Wackelkandidaten (Deutsche Bank, Santander, Mitsubishi, BNP Paribas, BBVA, Credit Agricole, Citigroup ...).

➤ Ein banaler Derivate Crash könnte Billionen an Anlegergeldern in Kürze zerstören. Bei einem Derivate Exposure von über 700 Billionen ist dies nicht auszuschließen.

➤ Die Bekanntgabe von QE4 (Geldmengen Wachstumsmaßnahme Nummer 4). Selbst den unkritischen Marktteilnehmern fällt irgendwann auf, dass dieses wundersame Heilmittel als Wirtschaftsmotor gescheitert ist.

➤ Die Erhöhung der Leitzinsen in den USA signalisiert eventuell, dass das Spiel der hohen Börsenkurse und des leichten Geldes vorbei ist. (Vorerst unwahrscheinlich, da nur Makulatur, »make-belief«).

➤ Eine vollkommen »unerwartete« Rezession. Das würde mich gar nicht überraschen.

➤ Vollkommen unerwartete stagnierende oder sogar rückläufige Unternehmensgewinne in den USA.

➤ Anhaltende Generalstreiks in Frankreich, Spanien, Italien; sogar denkbar in Deutschland.

➤ Schockierende und unerwartete Wahlerfolge von extremen links- oder rechtsgerichteten Parteien. Rebellion.

➤ Konsumflaute oder sogar Konsumverzicht sind deutlich in den offiziellen Statistiken erkennbar.

➤ Eine Naturkatastrophe wie der Ausbruch des Tambora, ein destruktives Erdbeben in Kalifornien oder im Großraum Istanbul. Selbst der Vulkan von Neapel, der Vesuv, wird mittlerweile als sogenannter Supervulkan klassifiziert und liegt fast direkt vor unserer Haustür. Ein massiver Ausbruch würde fast sämtliche Elektrizitätswerke weltweit lahmlegen. Das Internet würde monatelang nicht mehr funktionieren. Es würde zu drastischen Versorgungsengpässen kommen. Rein rechnerisch, aus empirischer und historischer Sicht, sind wir überreif für so ein Szenario. Kein Börsenmodell dieser Welt rechnet mit so einem Szenario oder erwartet es.

➤ Eine Influenza oder ähnliche Epidemie wie die von 1918 bis 1920, die damals 50 bis 100 Millionen Menschenleben gekostet hat.

Und so weiter ...

Wie Sie vielleicht erkennen, gibt es zurzeit sehr viele böse Schwarze Schwäne. Manchmal sind die Schwarzen Schwäne auch richtig nett. Aber leider sehe ich zurzeit auf weiter Flur keine der lieben Art. Es gibt sie wirklich, aber sie werden meistens von Politikern, Lobbyisten und den Megareichen verscheucht.

Lösungen oder: Wie könnte man das Debakel zumindest verzögern

Ein Crash-Buch sollte keineswegs zu einseitig sein. Es muss auch mögliche Lösungen und positive Potenziale berücksichtigen. Alles andere wäre nicht glaubwürdig und aus analytischer Sicht nicht professionell. Folgende Maßnahmen könnten stattfinden (obwohl eher unwahrscheinlich), um die Krise zu beheben oder zumindest in die Zukunft zu verlagern: Republikaner und Demokraten einigen sich auf deutlich höhere Abgaben für die Reichen und Megareichen und entlasten die arbeitende Bevölkerung mit signifikant reduzierten Steuersätzen. Zudem wird eine Mehrwertsteuer eingeführt, von der die Mittel und Unterschicht verschont bleibt. Außerdem führen Amerika, Japan und Europa eine saftige Vermögenssteuer für Vermögen von über zehn Millionen Dollar ein. Anlagegewinne werden genauso besteuert wie normales Einkommen. Die westlichen Regierungen einigen sich, Steuerschlupflöcher für große, international tätige Unternehmen zu schließen, und setzen diese Gesetze tatsächlich um. Sämtliche Pensionsverbindlichkeiten sind nicht mehr Bestandteil des amerikanischen Staatsbudgets, sondern werden in einen indexierten separaten Megapensionsfonds ausgelagert, der maximal zehn Prozent US-Staatsanleihen halten darf. Das Bankenwesen wird in Geschäfts- und Investmentbanken aufgeteilt. So wie nach dem Crash von 1933. Die Universalbank (Bank beziehungsweise Institut mit möglichst breitem und umfassendem Angebot an Bankleistungen) verschwindet wieder. Alle Banken, die systemgefährdend sind, werden durch Teilverkäufe, Liquidationen und Spin-offs (der Ausgliederung eines bestehenden Teils eines Unternehmens als eigenständige Firma) auf ein verträgliches Maß gestutzt. Das erforderliche Eigenkapital wird bis 2025 sukzessive von derzeit circa sechs Prozent auf zwanzig Prozent erhöht. Banken können erst wieder Dividenden zahlen, wenn dieses Niveau erreicht ist. Schattenbanking, jeglicher Form, wird strikt untersagt. Die wesentlichen

Regierungschefs einigen sich, dem Lobbyisten weniger Zutritt zur Politik zu gewähren. Spenden für Parteien und Politiker werden auf kleine und feste Größen limitiert. Die USA restrukturieren ihren Gesundheitsapparat nach dem deutschen Modell. Damit würden Behandlungskosten – bei gleichbleibender Qualität – um mindestens die Hälfte sinken. Drogensüchtige werden nicht mehr wie Kriminelle jahrelang weggesperrt, sondern wie Süchtige behandelt. Fettleibige Individuen müssen mehr in die Krankenkassen einzahlen als gesunde. Der Anbau und Konsum von Marihuana wird nicht mehr strafrechtlich verfolgt und stattdessen besteuert. Erwerbstätige, die weniger als neun Euro oder zehn Dollar pro Stunde verdienen, zahlen überhaupt keine Ertragssteuern. Die USA halbieren ihre Ausgaben für Staatssicherheit, Spionage, Militär und den Polizeistaat und investieren die frei gewordenen Mittel in die Verbesserung ihrer maroden Infrastruktur.

Laterale Lösungen:

Eine intelligente Immigrationspolitik ist dringend empfehlenswert. Das bedeutet, dass man gut ausgebildete Immigranten nach Deutschland holt, die im Schnitt nicht älter als 35 Jahre sind. Zusätzlich könnte man, wie Österreich oder die Schweiz, sehr vermögenden Immigranten den deutschen Pass oder zumindest ein Wohnrecht in Aussicht stellen, im Gegenzug für einen hohen Betrag oder die Verpflichtung, eine gewisse Anzahl von Arbeitsplätzen zu schaffen. Dies wird seit langem erfolgreich in Kanada und zunehmend in den USA praktiziert. Die deutsche Staatsangehörigkeit ist aus verfassungsrechtlicher Sicht hochattraktiv. Die Lebensqualität in Deutschland ist zudem extrem hoch. Es ist heute bereits recht leicht, eine Staatsangehörigkeit in anderen EU-Ländern zu »erwerben«. Auch wenn das wenige Länder zugeben werden. Dieser Trend wird sich meines Erachtens verstärken.

Logische Lösungen:

Eine Besteuerung der passiven Einkünfte in Deutschland in Höhe der Ertragssteuern ist dringend empfehlenswert. Somit wird die ungleiche Vermögensbildung etwas ausgebremst. Eine Anhebung der Erbschaftssteuer auf dreißig bis fünfzig Prozent in progressiver Form macht Sinn, nur bei der Vererbung von Firmenanteilen auf langfristig operativ tätige Familienmitglieder sollten die alten Sätze beibehalten werden, um die Unternehmenskontinuität zu wahren. Von einer Vermögensteuer halte ich wenig. Der administrative Aufwand ist hoch. Und man kann sie viel zu leicht umgehen. Das ist in Frankreich und in vielen anderen EU-Ländern gang und gäbe.

Fazit:

Es mangelt wirklich nicht an sinnvollen Ideen, um die Wirtschaft anzukurbeln, damit vermieden werden kann, dass die meisten westlichen Länder zu Bananenrepubliken mutieren, und damit die Regierungen und die Staatsbürger irgendwann in ferner Zukunft nur noch so viel ausgeben, wie sie wirklich auf dem Konto haben. Der Schuldenkult führt in Ländern wie Griechenland erst einmal zum Aufschwung, bis die wirtschaftliche Realität sie einholt. Von so einem Szenario sind wir selbst in Deutschland nicht allzu weit entfernt. Leider sind die Machtverhältnisse in Amerika, Europa und Asien bereits derartig korrumpiert, dass das Gros dieser Lösungen, wie beim Crash von 1929, wahrscheinlich erst nach dem Kollaps umgesetzt wird. Bis zu diesem Wendepunkt wird die Welt von Notenbankern und Politikern regiert, die bereits abgesichert sind und wenig zu verlieren haben. Leider werden wir bis zum Hohepunkt des Crashs ein veritables Blutbad oder eine sehr schmerzhafte Sklerose erleben.

Krieg: die tragischste aller »Lösungen«

Amerika muss alles tun, um seine Vorherrschaft als führende Weltreservewährung (auch Leitwährung genannt) zu verteidigen. Sonst könnten sie die Gelddruckmaschine nicht mehr so freizügig einsetzen, um mit ihrem militärischen Gehabe die ganze Welt einzuschüchtern oder zu bekriegen und meilenweit über ihren Verhältnissen zu leben. Falls der US-Dollar seinen Status als Weltreservewährung verlieren sollte, würde es ihm letztlich nicht viel anders gehen als dem Britischen Pfund, das zwischen 1949 und 1976 74 Prozent seines Wertes verloren hat. Schon Muammar al-Gaddafi und Saddam Hussein haben erfahren, wie brisant dieses Thema für die Amerikaner ist. Gaddafi wollte das Öl aus Libyen nur noch gegen eine gesamtafrikanische Währung, die durch Gold abgesichert wäre, verkaufen. Saddam Hussein machte einen ähnlich tragischen Fehler, als er im Jahr 2000 keine US-Dollar mehr für seine Öllieferung akzeptierte. Er wollte einfach nicht mehr in der Währung des Feindes handeln. Auch bei der Gründung der AIIB, der asiatischen Version des IWF, haben die USA lange Zeit aktiv versucht, andere Nationen von einem Beitritt abzuhalten. Die Kooperation zwischen China und Russland birgt weiteres Risikopotenzial für den US-Dollar. Zukünftiger Handel zwischen diesen beiden Nationen findet ganz ohne den US-Dollar statt. Kein Wunder, dass Amerika Russland ganz oben auf seiner Destabilisierungsliste führt. Die Maßnahmen in der Ukraine und der Putsch des demokratisch gewählten Präsidenten Yanukovich waren genauso durch die Amerikaner organisiert wie der Tod von Gaddafi, Hussein, die Attacken gegen Assad und der Sturz eines weiteren demokratisch gewählten Präsidenten, Mohammed Mursi, der von den neuen amerikanischen Statthaltern in Ägypten mittlerweile zum Tode verurteilt wurde. Wenn es um ihre Weltvorherrschaft und um den US-Dollar geht, verstehen die Amerikaner keinen Spaß. Das Verteufeln Russlands und Putins in den amerikahörigen Medien nimmt langsam, aber kontinuierlich an Lautstärke zu. Mark Rubio, republikanischer Präsidentschaftsanwärter, nannte vor kurzem Präsident Putin einen Gangster. Etliche Zeitungsartikel porträtieren Russland als größte Bedrohung Amerikas. Mit einer Wirtschaftsleistung, die etwas mehr als sechs Prozent ausmacht und auf dem Niveau Spaniens liegt, stellt Russland weder wirtschaftlich noch militärisch irgendeine Gefahr für Amerika dar. Durch die ständige Anfeindung und Aggression durch die Amerikaner, die Nato und die europäische Union wendet sich Russland immer mehr China zu. Gigantische Wirtschafts- und Währungsabkommen sind bereits getroffen worden. Das gleiche gilt für die russlandnahen ehemaligen Sowjetstaaten. Auch hier werden der Euro und der US-Dollar zunehmend als Transaktionswährung abgeschafft. Ob das gut geht? Falls die Vorherrschaft des US-Dollars und somit des »American way of Life« in irgendeiner Weise gefährdet wäre, ist ein Kriegsszenario, ein Putsch oder ein Attentat als Lösungsansatz immer ernst zu nehmen. Seit einigen Jahren bauen die Amerikaner fieberhaft ihre Militärpräsenz in Asien auf. Falls das amerikanische System des Hyperkonsums auf Pump kollabieren sollte, wäre es sehr opportun, die Russen und Chinesen dafür verantwortlich zu machen. Die verdummte und medial manipulierte breite Masse der Amerikaner würde das sofort glauben. Außerdem wäre ein Krieg gegen feindliche und undemokratische Kräfte ein nahezu perfektes Ablenkungsmanöver. Auch ein Krieg gegen den Iran wäre unter einem republikanischen Präsidenten höchstwahrscheinlich gewesen. Und wer ist wohl Irans größter Handelspartner? China. Wer wäre der größte Profiteur? Ehemalige Politiker, wie zum Beispiel Cheney und Rumsfeld, Lobbyisten und die Rüstungsindustrie. Wer verliert dabei? Wieder einmal die Armen und ihre Kinder. Leider kann man dieses Szenario nicht vollends außer Acht lassen. Die Amerikaner haben in 160 Ländern weltweit eine militärische Präsenz, eine sehr lange Historie militärischer Aggression und Subversion und verändern gerne, für sie passend, das Regime. Zudem geben die Amerikaner fast dreimal so viel Geld für ihren Militärapparat aus, wie der gesamte deutsche Bundeshaushalt beträgt. Pro

Familie liegen die budgetierten US-Militärausgaben für 2015 bei circa 10 000 US-Dollar pro Haushalt. Der vergleichbare Wert in Deutschland liegt bei weniger als einem Viertel. Und trotzdem kann man ein Kriegsszenario nicht nur im amerikanischen Zusammenhang suchen. Der ewige Konflikt zwischen Nord- und Südkorea hätte ebenfalls enorme Tragweite, wenn es zu Feindseligkeiten käme. Südkorea ist stark in die Weltwirtschaft eingebunden. Im Weltwirtschaftsranking steht Südkorea immerhin an 13. Stelle, auf dem Niveau von Spanien. Südkorea ist zudem einer der Marktführer in der Telekommunikation, im Automobilbau und der Schwerindustrie. Auch als globaler Zulieferer ist Südkorea fast überall mit dabei. Ein Krieg würde die globale Wirtschaft belasten. Nordkorea hat derartig viele Probleme, dass ein Krieg gegen den Süden ein perfektes Ablenkungsmanöver wäre.

Kommt die Vertrauenskrise?

Eine Vertrauenskrise ist ein Zustand, in dem das Vertrauen ins Wanken geraten ist. Die Anzeichen für eine wirtschaftliche Vertrauenskrise, noch in diesem Jahrzehnt, sind aus meiner Sicht eindeutig. Entweder fahren wir in eine Rezession, oder die wundersame Geldvermehrung wird nochmals beschleunigt und führt zu einer markanten Geldentwertung. Die Reputation des Notenbanker wackelt und die Glaubwürdigkeit, selbst von Angela Merkel, ist angekratzt. Viele Regierungsmitglieder distanzieren sich öffentlich von den ewigen Eurorettungsmaßnahmen. Wie oft können die Amerikaner noch die Gelddruckmaschine anwerfen, bevor die Börsianer den stinkenden Fisch riechen, in Deckung gehen und ihre Wertpapierbestände abbauen? Kann die FED (PRB) überhaupt noch agieren? Die Verbindlichkeiten übersteigen bereits das Eigenkapital um schockierende 7 700 Prozent. Wie sollen die strapazierten EU-Bilanzen Millionen Asylbewerber und Migranten wirtschaftlich verkraften? Eine fragile Weltwirtschaft wird durch immer wiederkehrende Sanktionen und Kriegsspiele kaum besser. Das betrifft vor allem uns, die Exportweltmeister. Die Risse im System sind doch bereits unverkennbar! Wie lange braucht die breite Bevölkerung noch, um zu verstehen, dass wir hier unweigerlich auf ein Desaster oder auf eine wirtschaftliche Sklerose zusteuern? Wie lange dauert es noch, bis der Mehrzahl der Investoren auffällt, dass stark fallende Rohstoffpreise Wirtschaftsschwäche signalisieren? Die richtige Frage lautet nicht, ob die Vertrauenskrise kommt, sondern wann und in welcher Form sie sich manifestiert. Das sage ich auch deswegen, weil ich bei der Kurskorrektur vom August 2015 zwei Verhaltensmuster erkannt habe, die auf erhöhte Anlegerzweifel hindeuten. Erstens fielen nicht nur die Aktienkurse, auch einige Staatsanleihen haben an Wert verloren. Das ist sehr ungewöhnlich. Normalerweise flüchtet das Kapital bei einer Börsenkorrektur von den Aktien in die Anleihen. Durch die erhöhte Nachfrage steigen die Staatsanleihen im Kurs. Hier ist die Liquidität (die Fähigkeit, Zahlungsverpflichtungen durch flüssige Mittel, wie Bargeld, jederzeit nachzukommen) aber ins Cash geflohen. Der zweite Grund, der mich vermuten lässt, dass wir unaufhaltsam auf eine Vertrauenskrise zusteuern, war die überraschende Stärke des Euros in dieser Korrektur. Bei einer Börsenkrise flüchtet das Kapital eigentlich immer in die Weltreservewährung, in diesem Fall den US-Dollar oder in den Schweizer Franken. Dies könnte man durch Gewinnmitnahmen auf Baissepositionen im Euro vielleicht erklären, aber dafür war die Eurostärke zu markant.

Fazit Teil 1

Dem professionellen Baissier oder Haussier geht es niemals darum, ob die Kurse steigen oder fallen. Ihm geht es prinzipiell um Wahrscheinlichkeiten. Er sucht immer ein vorteilhaftes Chancen-Risiko-Verhältnis. Wenn die Chancen für eine Hausse oder eine Baisse eins zu eins stehen, dann wird er sich neutral verhalten. Das Chancen-Risiko-Verhältnis ist für eine abgeklärte, sachliche und kaltschnäuzige Investmententscheidung ausschlaggebend. Distanziert und objektiv betrachtet, stehen die mittelfristigen Chancen für weitere deutliche Börsengewinne eher schlecht. Da bedeutet nicht, dass es nicht noch weitere Höchststände in den führenden Aktienindizes geben kann. Wenn sich die fundamentalen Eckdaten und wirtschaftlichen Verhältnisse nicht verändert haben, wird eine Baisseposition nur noch attraktiver. Noch fehlt der kleine Mann an der Börse. Dem Markt fehlt die irrationale Euphorie, um entspannt auf die Baisse zu spekulieren. Aber vielleicht ist es diesmal anders. Möglicherweise werden wir die alten Verhaltensmuster diesmal nicht so erleben wie früher. Muss der Knall denn unbedingt auf einmal kommen, oder könnte es diesmal eine schleichende Abwärtsentwicklung geben, wie von 1966 bis 1982? Ich habe zwar eine Meinung dazu, bin aber kein Hellseher. Ich weiß jedoch, dass es definitiv smarter ist, sich zurzeit mit dem Kaufen zurückzuhalten, Cash aufzubauen und eher selektiv Baissepositionen aufzubauen. Es könnte zwar alles noch eine Weile gut gehen. Aber als Profi kann ich nicht kaufen, wenn meine Kursgewinne bestenfalls auf zwanzig Prozent begrenzt sind und mein Verlustrisiko über sechzig Prozent betragen könnte. Und was ist mit dem normalen Bürger, der gar nicht erst über ein Wertschriftendepot verfügt, sondern bestenfalls über einige moderate Rücklagen und vielleicht Immobilien? Wer berät den denn? Kann der überhaupt irgendetwas machen, um sich und seine Familie zu schützen? Oder ist er im System gefangen und somit den Launen der Weltwirtschaft hoffnungslos ausgeliefert? Und was sollte die Mittelschicht machen? In Baisseoptionen spekulieren? Hat sie dazu das nötige Wissen? Und wie kann der Vermögende am besten sein Depot schützen? Was sollten Studenten oder diejenigen machen, die gerade erst ins Berufsleben einsteigen? Wie sollten sie in diesem Umfeld ihre Karriere ausrichten? Die alte Kostolany-Regel, jeweils ein Drittel in Immobilien, Aktien und Bargeld/Gold zu halten, finde ich empfehlenswert. Nur bei den Immobilien und den Aktien wäre ich in diesem Klima vorsichtig. Die Antwort auf diese Fragen und viele andere sind die zentralen Themen des zweiten Teils in diesem Buch.

Teil 2 – Zukunftsentwicklungen und Lösungen

Wie wird sich die Weltwirtschaft entwickeln?

Die einfache Antwort lautet: nicht gut. In den etablierten westlich orientierten Nationen ist das Konsumverhalten durch die steigende Anzahl der Babyboomer, die dringend für ihre Rente sparen müssen, äußerst schwach. Andererseits müssen diese Ersparnisse auch investiert werden. Das könnte bedeuten, dass verfügbare Mittel ins Sparbuch, in Aktien und Anleihen investiert werden. Auch die kontinuierliche Rückführung von Krediten ist in den Statistiken erkennbar. Für den durchschnittlichen Babyboomer gibt es kaum andere Alternativen. Dieses Sparverhalten stützt gewissermaßen auch die Börsen und Anleihemärkte. Wohin soll denn das ganze Geld gehen? Natürlich in die Hände derer, die ihre Position umschichten. Und was machen diese Investoren? Sie bauen ihre Cash-Positionen auf, weil der Markt nicht mehr günstig ist, sondern eher überteuert. Auch bei den risikoscheuen, marktneutralen Hedgefonds wird ständig aufgestockt. Zum Teil werden die Gelder auch in nichtzyklische, defensive Aktien investiert oder in Anleihen allererster Güteklasse. Die Sicherheit ist zurzeit vorrangig für das sogenannte Smart Money. Baissepositionen auf Öl und andere Rohstoffe haben diese Investoren seit Monaten aufgebaut, da sich eine Verlangsamung der Weltwirtschaft bereits seit Anfang 2015 abgezeichnet hat. Auch die Wachstumsmotoren der Weltwirtschaft geraten ins Stocken, allen voran China. Die rohstoffexportierenden Entwicklungsländer leiden unter dem starken Dollar und den stark fallenden Rohstoffpreisen. Die sinkenden Preise verstärken wiederum deflationäre

Tendenzen. In China, dem weltweit größten Konsument von diversen Rohstoffen wie Eisen und Kohle, sind die Preise dieser Materialien wesentlich aussagekräftiger und verlässlicher als die offiziellen chinesischen Wirtschaftsdaten, die aus meiner Sicht möglicherweise noch unzuverlässiger sind als die der amerikanischen. Auch die Rohstoffhersteller leiden. Der Preisverfall bei fast allen wesentlichen Rohprodukten belastet – unter anderen – bereits die Wirtschaftslage in Brasilien, Argentinien, Südafrika, Australien, Kanada, Russland, Peru und Indonesien. Diese Abschwächung wird teilweise noch durch US-Dollar-Kredite in Billionen-Dollar-Höhe verstärkt. Ähnlich wie bei der Einschätzung der chinesischen Wirtschaftsdynamik achte ich bei den anderen Entwicklungsländern eher auf die Wechselkurse als auf die staatlichen Statistiken. Die Kurse dieser Währungen purzeln förmlich in die Tiefe. Viele Währungen haben – in den vergangenen 18 Monaten – bis zu 50 Prozent gegenüber dem US-Dollar an Wert verloren. Somit bleibt noch China. Auch hier fällt das Import- und Exportvolumen. Im Gegensatz zu vielen anderen Ländern sollte Indien durch gefallene Rohstoffpreise profitieren. Auch hat der US-Dollar in den vergangenen zwölf Monaten »nur« zehn Prozent an Wert gegenüber der Rupie gewonnen. Aber Indien wird die Weltwirtschaft kaum retten. Das indische Bruttoinlandsprodukt (BIP) ist etwas mehr als halb so hoch wie das deutsche, und das bei über 1,2 Milliarden Einwohnern. Was für Indien spricht, ist, dass die Staatsverschuldung relativ zum Bruttoinlandsprodukt niedriger ist als bei uns und dass die Bevölkerungsstruktur kerngesund ist. Die Mehrzahl der Entwicklungsländer befindet sich bereits in einer Aktienbaisse. Der MSCI-Aktienindex der Entwicklungsländer ist in nur einem Jahr um 25 Prozent gefallen. Der Bombay-Aktienindex ist in dieser Zeit um sieben Prozent gestiegen. Wie immer bestätigen die Ausnahmen die Regel. Logisch ist das schon. Das erinnert mich an das Römische Reich. Obwohl in den Provinzen bereits Chaos herrschte, feierten die Römer im Kolosseum ab.

Fazit:

Die Tendenz deutet nach unten. Rohstoffpreise, Kurs und Währungsentwicklungen sind nützliche Indikatoren für die Ermittlung der Wirtschaftslage. Sie sind oft die verlässlicheren Indikatoren. Viele Frühindikatoren, wie zum Beispiel die Frachtraten, malen ein düsteres Bild. Die Chance, dass sich die Weltwirtschaft kurzfristig signifikant erholt, ist verschwindend gering. Zudem findet in vielen Schwellenländern bereits ein Börsen- und Währungscrash statt. Die zentrale Frage ist, wann erreichen uns diese Vorbeben? Vorbeben sind oft die Vorboten größerer Beben. Wann knallt es in Amerika, Japan und Europa? Oder werden wir wunderbarerweise von diesen negativen Entwicklungen verschont? Ich kann es nicht oft genug sagen. Die Welt war noch nie so vernetzt wie heute. Was in Peking, Washington DC, New York City, Neu-Delhi, Brasilia, London und Athen passiert, hat direkte Konsequenzen für uns. Die Welt war in ihrer ganzen Geschichte noch nie derartig wirtschaftlich und finanziell vernetzt. Ein Buschfeuer in den USA kann einen Großbrand in Deutschland auslösen, und eine wirtschaftliche Abschwächung in Russland, China und den meisten Entwicklungsländern kann überhaupt nicht spurlos an uns vorübergehen. Auch wenn wir zuerst einer der Profiteure der niedrigen Rohstoffpreise sind. Durch diese globale Vernetzung haben sich die Risiken enorm erhöht. Für ein weiteres Bankendebakel reicht es schon aus, wenn nur eine der systemgefährdeten Banken in einem dieser Problemherde auf dem falschen Fuß erwischt wird. Also gehen Sie bitte erst einmal in Deckung.

Wie werden sich die Politiker und »Notenbankster« verhalten?

Diese Frage lässt sich relativ leicht beantworten: Fast immer falsch. Aber diese Frage muss schon alleine deswegen ausführlich adressiert werden, um sich zeitgerecht auf das kommende Debakel vorbereiten zu können. Ben Bernanke, der ehemalige Präsident der FED (PRB) wird von vielen Marktteilnehmern als der Retter in der Not gefeiert, der den drohenden Kollaps der Weltwirtschaft und des Finanzsystems abgewendet hat. Ich sehe das anders. Die Bernanke- Stabilisierungsmaßnahmen haben nur extreme politische, finanzielle und wirtschaftliche Missstände in die Zukunft verlagert. Durch das Aufdrehen des Geldhahns wurden die normalen und langfristig gesunden selbstregulierenden Mechanismen der Wirtschaft außer Kraft gesetzt. Ben Bernanke, sicherlich ein guter Kenner der Großen Depression von 1929, hat bei seinen Maßnahmen nur eines außer Acht gelassen. Im Jahr 1929 war die amerikanische Regierung nicht verschuldet, und konnte sich große fiskalische und monetäre Interventionen leisten. In dieser Epoche hatten die USA die bei weitem größten Goldreserven der Welt und waren sogar eine Art Kreditgeber für den Rest des Globus. Die Situation in 2008/2009 war somit gänzlich anders als zu Zeiten der großen Depression. Fast alle wesentlichen westlich orientierten Nationen waren hoch verschuldet. Die Bankenderegulierung unter Reagan, George H. Bush, Clinton und George W. Bush hatten das Eigenkapitalpolster der Banken im Verhältnis zu den Verbindlichkeiten auf historische Tiefstände manövriert. Jahrelang hielt Alan Greenspan die Leitzinsen aus rein politischen Überlegungen auf einem derartig niedrigen Niveau, dass dadurch die größte Immobilienblase aller Zeiten erst entstehen konnte. Die Europäer konnten sich in dieser Phase auch nicht mit Ruhm bekleckern. Die spanische Immobilienblase stand der amerikanischen in nichts nach. Die frühzeitige, politisch motivierte Aufnahme ungeeigneter Kandidaten in die Europäische Währungsunion ist bereits bestens dokumentiert. Die offizielle Staatsverschuldung von Frankreich, England und Italien ist keinen Deut besser als die der Amerikaner. Das amerikanische und westliche »Bankensystem« war schon damals so schwer krank, dass auf Pump finanzierte Rettungsmaßnahmen den Tod nur verzögern konnten, anstatt den

Patienten zu heilen. Die richtige Behandlung wäre damals zwar für den Patienten einige Jahre sehr schmerzhaft gewesen, aber der Patient hätte noch gerettet werden können. Das ist heute nicht mehr der Fall. Der Patient kann nicht mehr geheilt werden. Die Krebsherde sind viel massiver als noch vor sieben Jahren. Dazu kommen extreme Fettleibigkeit, Sklerose der Nerven, Demenz, Osteoporose und Durchblutungsstörungen. Amerika und Europa haben es in der Krise versäumt, unpopuläre, tiefgreifende, wirtschaftlich logische Maßnahmen zu ergreifen, um das System zu bereinigen und langfristig robuster und attraktiver zu machen. Was mich an meisten an den Bernanke-Maßnahmen stört, ist, dass seine angebliche Heilkur bereits in Japan versagt hatte, dass die finanziellen Voraussetzungen 1929 ganz anders waren als in 2008/2009 und dass diese Theoretiker bei ihren Aktionen fundamentalste demographische Realitäten außer Betracht gelassen haben. Selbst den Notenbankern müsste es mittlerweile klar sein, dass der Patient auf dem Sterbebett liegt und dass es wirklich nur noch darum geht, Zeit zu gewinnen. Das Spiel ist nicht mehr kontrollierbar. Selbst moderate Interventionen würden heute zur Implosion führen oder zumindest auf massive Wiederstände der wahren Machthaber stoßen. Deswegen bin ich mir relativ sicher, dass die Politiker gar keine Alternative haben, als so weiterzumachen wie bisher. Hier wird nur noch gute Miene zum bösen Spiel gemacht. Das Endresultat dieser Vorgehensweise führt entweder zu dem schleichenden japanischen Niedergang oder zu einem massiven Crash, der in seiner Vehemenz den Crash von 1929 und die große Depression übertreffen könnte.

Fazit:

Es läuft alles so weiter wie bisher. Die Krisenherde sind zu groß, die Situation zu verworren, um noch richtige Entscheidungen zu treffen und umsetzen zu können. Ich wäre sehr glücklich, wenn dem nicht so wäre, aber ich schreibe hier kein Märchen, sondern ein Fachbuch. Es gibt keine Anzeichen dafür, dass die Politiker und Notenbanker sich anders verhalten werden als bisher. Sie werden weiterhin versuchen, die Löcher in einem brüchigen Damm mit Papiertaschentüchern zu stopfen. Das liegt auch daran, dass der Handelsspielraum mittlerweile extrem eingeengt die Opferbereitschaft der wahren Machthaber zu gering ist, um diesen Karren noch aus dem Dreck zu ziehen. Es sieht eher nach einem Schrecken ohne Ende (Japan) als einem Ende mit Schrecken aus (Megacrash). Für einige Jahre sollte eine etwas künstlich geschönte, nervöse und unbequeme Atmosphäre das Anlageklima beherrschen. Sie werden zuerst nur moderat zur Kasse gebeten. Wenn aber in einigen Jahren die Kassen der Regierungen knapp werden, gibt es für die Politiker kein Zurück mehr. Große Teile der Vermögen werden direkt oder indirekt an den Staat transferiert, prinzipiell über Steuermaßnahmen und erhöhte Gebühren. Ihr finanzieller Bewegungsspielraum wird drastisch eingeengt. Nichts anderes passiert zurzeit in Griechenland und zum Teil in Italien, Frankreich, den USA und Spanien. Das nennt man Finanzrepression. Sie mündet in der Regel in einer Hyperinflation, einer fast totalen Geldentwertung, in Armut und Hoffnungslosigkeit, einem Schuldenschnitt, der mit einer Währungsreform letztendlich abgeschlossen wird. Erst dann beginnt der Neuanfang.

Der Geldadel und seine Vasallen

Um eine der Kernfragen dieses Buches zu beantworten, was die deutschen Politiker machen werden, muss man nach Amerika schauen. Ich habe ein bedeutendes Vermögen aufgebaut, indem ich amerikanische Kapitalmarkt-Usancen nach Deutschland exportiert habe, unter anderem die feindliche Übernahme, die Zerschlagung, die aktive Baissespekulation und so weiter. Amerikanische Trends kommen immer etwas zeitverzögert zu uns. Einige sind gut, die Masse ist verheerend für unsere soziale Marktwirtschaft. Ein Vasall war im frühen

Mittelalter ein Herr, der sich freiwillig als Gefolgsmann in den Dienst eines anderen, mächtigeren Herren stellte und sich diesem für bestimmte Aufgaben verpflichtete. Der Vasall genoss im Gegenzug den Schutz seines Lehnsherrn. Ich gehörte einmal zum globalen Geldadel, obwohl ich nur ein kleiner Kurfürst war. Und auch ich hatte meine Vasallen. Geldadel sind nicht nur die Bankster, sondern all diejenigen, die über mindestens drei Units verfügen, also mindestens ein Vermögen von dreihundert Millionen Euro, Dollar oder Schweizer Franken. Zum Geldadel gehören nicht nur Financiers, Hedgefondsmanager und Industriemagnaten, sondern auch New Economy-Milliardäre, dynastische Vermögen und gelegentlich extrem hoch bezahlte Manager von sehr großen Unternehmen, prinzipiell in den USA, wie zum Beispiel der Vorstand von Goldman Sachs, Lloyd Blankfein, der als Bankangestellter zum Milliardär wurde. Die Politiker sind in den USA mittlerweile nichts anderes als die Weisungsempfänger dieser Superelite. Glauben Sie mir bitte einfach, dass ich weiß, wovon ich rede. Denn ich gehörte mal zu den Top 10 000 weltweit. Politiker sind für den Geldadel nichts anderes als Leibeigene und bestenfalls Vasallen. Man kann die Politiker auch Marionetten nennen. Sie bewegen sich viel und wackeln mit den Armen. Aber was sie sagen, wird von einer Stimme im Hintergrund vorgegeben. Wenn sie ihre Aufgabe im Sinne des Lehnsherren erfüllen, kommen sie in den Genuss einiger der Privilegien der Obrigkeit. Auch die großen Medienunternehmen wie CNN agieren fast ausschließlich als Sprachrohre des Geldadels. Sie wiederholen, genauso wie die Politiker, so lange die Lügen, die sie von der Elite diktiert bekommen, bis die breite Masse sie als Wahrheit akzeptiert. In Amerika haben die Mittelschicht und die Armen deswegen keine Chance, gehört zu werden. Sie sind derartig manipuliert und fehlinformiert, dass sie kaum einen klaren Gedanken artikulieren können. Ich bin mir sicher, dass in Amerika die breite Masse weiter ausgeblutet wird, lange bevor man überhaupt darüber nachdenkt, die Pfründe der Elite anzugreifen. In Deutschland sollte das unter einer großen Koalition nicht wesentlich anders sein. Mit der breiten Masse geht man bei uns noch etwas ziviler um als in Amerika, aber die Zeichen für eine weitere Amerikanisierung unseres Landes sind unverkennbar. Wie kann sich ein Sigmar Gabriel für TTIP (Transatlantisches Freihandelsabkommen zwischen EU und USA) aussprechen? Warum hofiert eine Angela Merkel Herrn Ackermann von der Deutschen Bank? Warum müssen wir alle unsinnigen Kriegsmaßnahmen und Sanktionen der Amerikaner unterstützen? Weil wir fast total fremdbestimmt sind und weil die Mehrheit der Bevölkerung Tag und Nacht durch Politiker und amerikafreundliche Medien verblödet wird, allen voran die Bild-Zeitung. Wir sind sicherlich nicht ganz so degeneriert und korrumpiert wie die Amerikaner, aber die Regierenden bemühen sich redlich, dieses finanzielle und moralische Bankrottmodell auch bei uns einzuführen. Und wegen dieser unverkennbaren Entwicklung bin ich wenig zuversichtlich, dass unsere Politiker die richtigen Maßnahmen ergreifen werden, die für die Mehrzahl der Wählerschaft sinnvoll sind. Die Performance der vergangenen acht Jahre war aus finanzieller und moralischer Sicht bedauernswert. Warum sollte sich das ändern? Das wird so bleiben. Folglich erwarte ich, dass wir Deutsche weiterhin genau das machen werden, was unsere amerikanischen Auftraggeber von uns verlangen. Mehr Geld und Einfluss für den globalen Geldadel. Viel Krieg und das Ausspionieren unserer europäischen Nachbarn für unseren großen Bruder.

Ein realistisches Szenario?

Sind sie denn so abgelenkt, dass sie nicht wahrnehmen, was direkt vor ihrer Haustüre passiert! In Zypern wurden einfach Geldguthaben konfisziert und verstaatlicht. In Griechenland gibt es mittlerweile eine Quadratmeter-Steuer. Versuchen Sie doch mal in Frankreich oder in Italien mehr als 5 000 Euro mit Ihrer Kreditkarte oder bei der Bank direkt abzuheben? Die Eidgenossen veröffentlichen Listen mit Ausländern, die in der Alpenrepublik Konten haben, eine eklatante Verletzung der Privatsphäre. Warum? In den USA müssen alle ausländischen Konten offengelegt werden, auch wenn sie leer sind und nur Verluste ausweisen. Wenn nicht, drohen zehn Jahre Haft. Niemals haben so viele tausend Amerikaner ihre Staatsbürgerschaft aufgegeben wie jetzt. Überweisen Sie doch mal aus einigen EU-Ländern 100 000 Euro auf Ihr neues Privatkonto in Singapur. Bestenfalls stellt Ihnen Ihr Banker penetrante Fragen, oder Sie werden sofort vom Compliance Officer, wie es in Frankreich bereits Usus ist, den Staatsorganen gemeldet. Glauben Sie nur nicht, dass so etwas nicht bei uns passieren kann. Wenn unsere Lage ähnlich prekär wird wie bei unseren Nachbarn, werden unsere Politiker identische repressive Maßnahmen einführen. So war es schon immer und so wird es bleiben. Wachen Sie bitte auf, bevor dieser Raubzug beginnt.

Was macht das »Smart Money« in einer solchen Lage, und was können Sie davon lernen?

Ich habe einige Jahrzehnte lang die Reichsten der Reichen beraten. Mit einem Spitzenvermögen knapp unter der US-Dollar Milliardengrenze war ich ungefähr so wohlhabend wie mein durchschnittlicher Hedgefondskunde. In dieser Zeit hatte ich oft das Privileg, mit genialen Unternehmern sowie deren Vermögensspezialisten zusammenzuarbeiten. Die Brillantesten dieser extrem gut bezahlten Profis standen den Spitzen-Hedgefondsmanagern in nichts nach. Der einzige wesentliche Unterschied war, dass sie im Gegensatz zu uns selten mehr als fünf Millionen Dollar pro Jahr verdient haben. Andererseits hatten diese Menschen ein Privatleben und eine wesentlich höhere Lebensqualität als wir. Nennen wir diesen Typus einfach Family Officer. Ein sogenannter Top Family Officer lohnt sich erst, wenn Sie ein wirklich ordentliches Vermögen haben, also mindestens 100 Millionen Euro in liquiden Werten. Der Family Officer sucht die fähigsten Asset-Manager für

seine Kunden aus. Das tut er nicht, indem er im Internet die
Seite der UBS besucht, sondern indem er etliche Hedgefonds-
manager und Vermögensexperten interviewt. Der sehr gute
FO ist in der Regel hochkompetent, aber hat sich irgendwann
in seiner Karriere entschlossen, dass er nicht hundert Stunden pro Woche, sondern nur sechzig arbeiten will. Er macht
auch im Gegensatz zu uns Urlaub und besucht sogar seine
Eltern regelmäßig. Er kann sich zwar keinen Privatjet oder
eine Superyacht leisten, wird aber regelmäßig von seinem
Chef zu speziellen Anlässen eingeladen. Er genießt den Luxus,
ohne dafür zahlen zu müssen; ein smarter Typ oder eine intelligente und elegante Frau. Sein enormer Vorteil ist, dass er
sich mit den erfolgreichsten Vermögensverwaltern der Welt
austauschen kann, wenn er dazu Lust und Laune hat. Vor
drei Wochen traf ich David, einen dieser sehr smarten Typen. Er betreut ein Vermögen von sage und schreibe sieben
Milliarden Euro. Er besuchte mich, um gewisse Baissestrate-
gien zu besprechen sowie Long-/Short-Ideen. Long/short bedeutet vereinfacht ausgedrückt, Haussepositionen (also hier
wird ein Wert gehalten) sowie Baissepositionen (also Leerverkäufe) zusammen in einem Wertpapierdepot. Dieser globale
Investmentprofi war seit Monaten short auf Gold, hielt große
Cash-Positionen in US-Dollar sowie Anleihen der besten Emittenten mit mittelfristigen und langfristigen Laufzeiten. Investments in den Entwicklungsländern waren nicht vorhanden,
mit der Ausnahme von Indien und Singapur. Er hatte gerade
für seinen Arbeitgeber und seine Familie Pässe in einer Steu-
eroase organisiert und sämtliche liquiden Werte aus den USA,
Europa und der Schweiz in sichere Häfen transferiert. Übrigens wurden eine große Wohnung in Monaco sowie eine Villa
in Zug langfristig angemietet, nur für den Fall, dass es in Europa etwas ungemütlich werden könnte. Die moderne Kunst-
sammlung wurde über Sotheby's veräußert. Die alten Meister
bleiben im Bestand. Alle zyklischen Werte und Rohstoffe hatte
er bereits liquidiert. Von mir erwartete er nur, wie schon seit
20 Jahren, messerscharfe Ideen, wo er short gehen sollte und
was er kaufen sollte. Besonders intensiv wurde das Gespräch,

als es um die Themen Deflation versus Inflation ging, und ob es einen Crash geben würde oder einen langsamen, qualvollen Tod. Wir einigten uns, dass Cash erst mal super ist und dass man in der Deflation geile Assets zu Schleuderpreisen erwerben sollte, vor allem die Positionen, die später in der inflationären Phase die höchste Rendite bringen. David meinte, »die Anlagestrategie muss jetzt einerseits fokussiert, aber auch sehr anpassungsfähig und agil sein. Man sollte sich nicht zu viel den Kopf zerbrechen, aber man sollte schon heute wissen, was zu welchem Zeitpunkt zu tun ist. Vorbereitung ist schließlich die halbe Miete.« Dann haben wir noch etwas über Gold und Silber sowie die besten aktuellen marktneutralen Hedgefonds geredet und uns über unsere bemerkenswerten Hunde gefreut. Selbst im Tiefschlaf kalkulieren Typen wie David noch komplexe Chancen und Risikowahrscheinlichkeiten. Bei denen fließt Geld in den Adern. Wie will denn ein Bankberater, normaler Pensions- oder Publikumsfondsmanager mit solchen Typen konkurrieren? Wie will ein Outsider jemals die Dynamik des smarten Geldes verstehen? Was für ein Unfug steht, in der Regel, in diesen standardisierten Crash-Büchern?

Fazit:

David gehört zu den supersmarten Profis am Kapitalmarkt. Die letzten Crashs haben er und sein Kunde ohne Verluste gemeistert. Diesmal ist er dabei, an der Krise zu verdienen. David hat über die Jahre viel dazugelernt, denn er ist fähig, seine Strategie den Gegebenheiten anzupassen. Nehmen wir einmal den Fall an, dass es nicht erst zu einer durch Deflation geprägten Rezession kommt, sondern dass es überraschenderweise doch zur Inflation kommt. Dann müssen Sie anders agieren als in einem deflationären Umfeld. Eine gute Vorbereitung ist bei diesen denkbar schlechten Voraussetzungen mehr als die halbe Miete. Sie können vielleicht kein professionelles Long-/Short-Depot managen, aber Sie können auch Ihre Liquidität erhöhen, sich von unnötigem und riskantem

Schrott trennen, sich gegen die Willkür des Staates wehren und Ihre laufenden Kosten reduzieren. Machen Sie sich unabhängiger vom Staat! Und wenn die Inflation kommen sollte, dann wissen Sie, was Sie tun müssen. Mehr dazu in den folgenden Kapiteln.

Auswirkungen: Finanzrepression oder: Was machen Staaten und Bürokraten, wenn das Geld knapp wird?

Finanzrepression. Dieses Wort müssen Sie sich merken, denn Sie werden es noch unmittelbar erleben. Dieser Begriff fasst eine breite Palette von Regierungsmaßnahmen zusammen, die der Staat initiiert, um sich an Vermögen zu vergreifen und um die finanzielle Bewegungs- und Anlagefreiheit der Bürger einzuschränken. Diesen Begriff gibt es erst seit 1973, aber die Finanzrepression gibt es, seit es Zahlungsmittel und Herrscher, beziehungsweise Regierungen gibt, also etliche tausend Jahre. Die Finanzrepression ist immer damit verbunden, dass der Staat über seine Verhältnisse lebt und nicht genügend Mittel hat, seine Rechnungen zu zahlen, und deswegen in die Portemonnaies der Bürger greift. Die Finanzrepression wird aber nicht nur so primitiv umgesetzt. Wesentlich subtilere Methoden werden verwendet, bei denen es dem Steuerzahler, den Vermögenden und dem Sparer kaum auffällt, dass sie peu à peu enteignet werden. Die Finanzrepression basiert immer auf starken Kontrollmechanismen. Sie ist kein Resultat des puren Kapitalismus. Der muss sich nach den Grundgesetzen der Wirtschaft richten. Das bedeutet, nicht mehr ausgeben als man verdient. Die Finanzrepression ist primär das Verschulden der Politiker, die verfehlt haben, ihr Land gewissenhaft für die Mehrzahl der Bürger und folgenden Generationen zu managen. Nur durch strikte Gesetze und erheblichen Druck kann die Finanzrepression in ihren primitiveren Formen durchgesetzt werden. Deswegen führe ich jetzt einige historische Methoden der Finanzrepression auf, auch wenn diese in Deutschland kaum bekannt sein sollten. Was nicht ist, kann ja noch werden. Von 1984 bis 1985 war ich größtenteils in Ländern tätig, die massiv unter Finanzrepression gelitten haben, wie zum Beispiel Peru, Kolumbien und Brasilien. Mein Job bei Merrill Lynch war es, diese repressiven Maßnahmen zu umgehen. Ich habe damals, als Fünfundzwanzigjähriger, die peruanische Zentralbank und etliche der größten Unternehmer Südamerikas beraten. Deswegen verstehe ich aus erster Hand, was Finanzrepression bedeutet, wie man sich darauf vorbereiten muss und wie man sie umgehen kann. Was Sie mit diesen düsteren Infos anfangen, überlasse ich Ihrer Phantasie.

Grobe Finanzrepression:

Enteignung, Verstaatlichung, Sondersteuern jeglicher Art wie zum Beispiel in Griechenland eine Wohnquadratmeter-Steuer, oder die Fenstersteuer in Frankreich, Solidaritätssteuer, Konfiskation oder Teilkonfiskation von Depotguthaben, Verpflichtung von Pensionskassen, nur noch Staatsanleihen zu halten, Auslandsgeldtransfers nur noch mit staatlicher Genehmigung, Auslandskonten werden kategorisch verboten, Wegzugsteuer, nur noch minimaler Tausch in Fremdwährungen zu unrealistischen, staatlich vorgegeben Wechselkursen, Staatsentschuldung durch galoppierende Inflation, brutale und langjährige Gefängnisstrafen für Vergehen gegen die repressiven Gesetze, Bankschließfächer werden ohne richterlichen Beschluss geöffnet und die Inhalte konfisziert, globale Besteuerung wie in den USA und Luxemburg, Sondersteuern werden für Goldproduzenten erhoben, hohe Prämien werden für Informationen, die zur Entlarvung von angeblichen »Steuersündern« führen, bezahlt, Preisstopps, Negativzinsen, Steuern auf Luxusgüter, Rechnungen über einem unrealistischen Minimalbetrag können nur noch per Überweisung und auf keinen Fall in Cash bezahlt werden,

Zwangsverkauf von Gold zu einem Schleuderpreis, Export-
steuern, Importsteuern und so weiter ... Wenn Sie diese Maßnahmen als unrealistisch betrachten sollten, liegen sie falsch.
Jede dieser beschrieben Methoden wird aktuell in den westlich orientierten Wirtschaftsnationen praktiziert oder ist Bestandteil der Wirtschaftsgeschichte.

Subtile Finanzrepression:

Diese Form der Enteignung findet bereits statt. Einige Beispiele: Wichtige Wirtschaftsdaten wie die Inflationsrate werden
bewusst nach unten manipuliert und gleichzeitig liegen die
Zinsen bei Staatsanleihen deutlich unter der wahren Inflation.
Das bedeutet, der Sparer wird subtil enteignet. Seine Kaufkraft
schwindet und die angeblich sicheren Anlagen, in die er investiert, bringen weitaus weniger als die Inflation. Die Vergütun-
gen der Politiker steigen viel schneller als das Gehaltsniveau der
breiten Masse. Das gleiche gilt für kommunale Nebenkosten
wie zum Beispiel Elektrizität, Wasser, Müllabfuhr, KFZ-Steu-
er und fast alle anderen Gebühren, die bereits viel schneller
steigen als die Inflation. Rundfunkgebühren zahlen Sie selbst
dann, wenn Sie weder Radio noch Fernseher besitzen. Der
Bail-out (das heißt, ein Unternehmen, Staat oder Individuum
bewahrt durch Schuldenübernahme eine Unternehmung vor
dem Zahlungsausfall) von maroden Finanzunternehmen zu
Nullkosten, die mit diesen verlorenen Zuschüssen wiederum
höher rentierende Staatsanleihen erwerben. In Italien dürfen
Sie ohne richterliche Genehmigung nicht mehr als 5 000 Euro
in Bargeld pro Monat abheben, und vor kurzem wurde eine
»Air conditioning« Steuer eingeführt. Demnächst sollen Autos mit Klimaanlagen auch höher besteuert werden. In Frankreich werden mittlerweile Goldkäufe limitiert, vor allem wenn
Sie in bar bezahlen wollen. In sieben EU-Ländern bestehen
bereits strikte Limits was Bargeldzahlungen und Bargeldent-
nahmen betrifft. Die subtile Finanzrepression sollte in den

nächsten drei Jahren für alle offensichtlich werden. Nur ist sie dann nicht mehr subtil, sondern allgegenwärtig. Und es ist zu spät für Sie, um darauf zu reagieren. Fangen Sie noch heute mit Ihren Vorbereitungen an.

Fazit:

Wenn Sie nicht zur Gruppe der Sozialempfänger zählen, werden sie bereits relativ unauffällig enteignet. Das wird definitiv noch schlimmer. Selbst den Sozialhilfeempfängern wird durch hohe, indirekte Steuern wie der ständig steigenden Mehrwertsteuer und der starken Inflation der Nebenkosten die Kaufkraft gestohlen. Eine brutale und sehr effektive Methode, um an Ihr Vermögen zu kommen, wäre die globale Versteuerung. Das würde bedeuten, dass Staatsbürger an ihr Heimatland Steuern zahlen, auch wenn sie in einem anderen Land leben und arbeiten. Wehren Sie sich und bereiten Sie sich bestens vor! Sonst sind Sie ein gefundenes Fressen für die Politiker und Staatsdiener.

Anlagealternativen

Es gibt keine Allheilmittel! Haben Sie mich verstanden? Selbst das von mir sehr geschätzte Gold kann über Jahrzehnte dramatische Kursverluste erleiden. Goldanlagen verhalten sich unterschiedlich, je nachdem, in welchem Umfeld man sich befindet. Das wirtschaftliche Umfeld ist nicht eindimensional, und es verändert sich. Was heute funktioniert, ist morgen eine Depotleiche. Da ich nicht an wirtschaftliche Wunder glaube, werde ich mich in diesem Kapitel auf die Performance von diversen Anlagealternativen in nur drei Szenarien fokussieren: Den Crash, die Vertrauenskrise, die Deflation. Fangen wir mit den Rohstoffen an, vor allem mit Gold.

Gold:

Das Edelmetall Gold wird von vielen Crash-Buchautoren als Allheilmittel dargestellt. Das ist einfach nicht richtig. Gold kann erstens konfisziert werden, oder deren Eigentümer können gezwungen werden, ihre Goldbestände zu einem Schrottpreis zu verkaufen. Dies war 1933 der Fall. Von 1982 bis 2000 hat das liebe Gold, inflationsbereinigt, sage und schreibe neunzig Prozent seines Wertes verloren. Wenn die Wirtschaft brummt und die Inflation kein Thema ist, scheint Gold, aufgrund historischer Werte, ein schlechtes Investment zu sein. Auch in einem deflationären Umfeld ist Gold nicht sonderlich attraktiv. Das gleiche gilt für inflationäre, aber nicht hyperinflationäre Phasen. Gold funktioniert bestens in Krisen, in einem hyperinflationären Umfeld und bei Angst vor einer Inflation oder in einem panikartigen wirtschaftlichen Umfeld. Gold könnte sich durchaus eine Zeit lang als Schattenwährung (Währung einer Branche, die nicht die offizielle Staatswährung darstellt) etablieren, wenn die großen, durch nichts gedeckten Währungen implodieren. Gold ist nicht gerade überbewertet, aber auch nicht günstig. Aber in einer existenziellen systemischen Krise besteht erhebliches Kurspotenzial. Das bedeutet, dass Gold möglicherweise selbst bei 1 100 Dollar pro Feinunze ein attraktives Chancen-Risiko darstellt. Harttechnisch würde ich Gold lieber bei 900 oder 700 Dollar pro Feinunze erwerben, aber weil es in schweren Krisen Sicherheit und erhebliches Kurspotenzial darstellt, sollte man in einem Depot mindestens eine Basisposition von zehn Prozent halten und diese bei niedrigeren Kursen verbilligen. Das bedeutet, bei Goldpreisschwäche dazukaufen. Man kann Gold auch billiger erwerben. Etliche Goldaktien handeln zurzeit zur Hälfte ihres inneren Wertes und zahlen zudem noch attraktive Dividenden. Hier würde ich mich strikt auf die Goldproduzenten konzentrieren, die Gold weit unter dem aktuellen Kurs produzieren. Einige Goldproduzenten kann man zur Hälfte ihres Liquidationswerts erwerben. Das ist ungefähr so, als würde man die Feinunze Gold bei 550 Dollar erwerben. Hier gibt es einige Schnäppchen, die man jetzt wahrnehmen sollte. Physisches Gold wird meistens in Krügerrand, Canadian Maple Leaf oder American Eagle erworben. Es gibt mindestens vierzig Alternativen. Die wichtigsten zeige ich hier auf:

> Gold American Eagle
> Gold [American] Buffalo
> Gold Canadian Maple Leaf
> Gold South African Krugerrand
> Australian Gold Kangaroo
> Gold Austrian Philharmonic
> Mexico Gold 50 Pesos AGW 1.2057
> Austria Gold 100 Coronas BU
> France Gold 20 Francs French Rooster
> Swiss Gold 20 Francs Helvetia

Überhaupt nicht zu vernachlässigen sind kleinere Goldmünzen, allen voran der 1/10 OZ Krügerrand. Das bedeutet ein Zehntel einer Unze (31,1035 Gramm). Der Goldpreis liegt derzeit bei circa 1.100 Dollar. Der Preis dieser kleinen Goldmünzen sollte nicht wesentlich über 110 Dollar liegen. Es gibt auch 1/4 Unze und 1/2 Unze Krügerrand Goldmünzen. Größere Vermögen können auch Goldbarren erwerben. Hier gibt es verschiedene Größen, zum Beispiel 100 Gramm. Der Standardgoldbarren liegt bei 12,44 Kilogramm. Der kostet zurzeit circa 450 000 US-Dollar. Davon hatte ich mal circa 30. Gold würde ich nicht unbedingt bei meiner Bank erwerben. Eher mit Bargeld bei einer seriösen Adresse oder in einem Land, in dem nicht zu viele Fragen gestellt werden. Es gibt im deutschen Umland etliche seriöse Adressen, bei denen man verschiedene Goldmünzen erwerben kann. Warten Sie nicht zu lange, denn in vielen europäischen Ländern ist der Erwerb von Gold für Bargeld bereits stark eingeschränkt. Hinterlassen Sie beim Erwerb keine Spuren. Bei der Lagerung ist erst einmal ein Schließfach zu empfehlen. Bei Steuerstrafverfahren und Steuerpfändungen können in Deutschland sogar

Schließfächer geöffnet werden. Man wird aber eher zuerst auf Konten zugreifen, dann auf Wertpapiere und zuletzt Schließfächer aufbohren. Es wird noch einige Zeit dauern, bis ihre Schließfächer aufgebrochen und die Inhalte beschlagnahmt werden, obwohl dies mit einem richterlichen Beschluss bereits heute nicht sonderlich schwierig ist. Es gibt aber Möglichkeiten, Gold in unabhängigen Lagerstellen zu deponieren. Es gibt etablierte Lagerungsmöglichkeiten in Genf, Singapur, Hong Kong, Österreich, Liechtenstein. Monaco und Norwegen gelten als Geheimtipps. Silto AG in der Schweiz bietet im großen Stil eine professionelle Lagerung an. Leider habe ich weniger Vertrauen in die Eidgenossen, die unaufgefordert vertrauliche Kundeninformationen veröffentlichen. Warum denn nicht auch Infos über Schließfächer? Auf die verschiedenen Möglichkeiten, Gold zu Hause zu lagern, möchte ich nicht eingehen. Da gibt es reichlich interessante Alternativen. Die Aufbewahrung im hauseigenen Safe erachte ich nicht als empfehlenswert. Im Knast hatte ich mit etlichen Dieben zu tun, die gegen Bargeld von Installateuren Infos über private Safes, bezogen haben. Wie fast immer ist eine diversifizierte Lagerung die beste Lösung.

Möglicherweise haben Sie bereits von dem Vorhaben der Deutschen Bundesbank und Österreichischen Nationalbank gehört, Goldreserven aus dem Ausland zurückzuführen. Sowohl Deutschland als auch Österreich kündigten an, die Hälfte ihrer Reserven bis 2020 ins Inland zu schaffen, der andere Teil verbleibt außerhalb. Dieses Vorhaben wirft drei Fragen auf. Warum sollte eine Zentralbank ihr Eigentum nicht innerhalb einer Nation lagern? Warum findet nun eine Rückführung statt und sehr viel wichtiger, warum keine sofortige Rückholung, sondern erst schrittweise bis 2020?

Gold ist für eine Volkswirtschaft ein Teil der Währungsreserven und kann im Krisenfall nur an internationalen Handelsplätzen wie London, Zürich oder New York effektiv gehandelt werden. Kommt es zu einer Währungskrise bzw. zu einem

Kollaps des Euros, kann Gold in Fremdwährungen umgetauscht werden. Ferner ist das Lagern außerhalb von Frankfurt bzw. Wien historisch bedingt. So fürchtete man noch zu Zeiten des Kalten Krieges die Gefahr, dass Staaten des Warschauer Pakts Besitz jenes Golds ergreifen könnten.

Auch andere Länder, wie die Niederlande, China und Aserbaidschan, planen, ihren Goldbestand zu erhöhen. Schwindet das Vertrauen in die Fiatwährungen und insbesondere an den US-Dollar als Weltreservewährung? Bereiten Notenbanken bereits den Crash vor? Ähnliche Theorien werden oftmals als Konspiration oder Mythos denunziert, allerdings raten wir Ihnen dringend, sich gründlich mit dieser Thematik zu beschäftigen.

Offiziellen Angaben zufolge verfügt Deutschland weltweit nach den USA über die zweithöchsten Goldbestände. Dies liegt vor allem am »Wirtschaftswunder« ab den 1950er-Jahren, in denen Exporte boomten und somit viele US-Dollar einbrachten. Da zu damaliger Zeit noch der Goldstandard herrschte und der Dollar eine echte Währung war, ist die Federal Reserve (PRB) nach dem Bretton-Woods-System verpflichtet gewesen, jeden Dollar zu einem festen Kurs in Gold umzutauschen. Als Richard Nixon den Goldstandard 1971 aufhob und das Bretton-Woods-System zusammenbrach, verlor der Faktor Goldparität an Wert. Dem CDU-Politiker Philipp Mißfelder wurde 2012 der Zugang zum deutschen Goldbestand in der FED New York verweigert. In Kombination mit dem schleppenden Tempo der Goldrückführung ist es fragwürdig, ob der deutsche Bundesbestand an Gold überhaupt noch vollzählig vorhanden ist oder die Notenbank der USA mit jenem Gold handelte. Dafür spricht, dass tonnenweise deutsches Gold eingeschmolzen und somit physische Kennzeichnungen wie das Jahr und Seriennummer zerstört wurden. Dieses Verhalten ist suspekt: So sind nicht nur wichtige Informationen zu den Goldbarren verloren gegangen, sondern neue Fragen aufgeworfen worden. Warum wurde deutsches Gold in den USA eingeschmolzen und nicht in Deutschland? Um zu vertuschen, dass die Originalbarren nicht mehr vorhanden sind und in der Zwischenzeit anderweitig verwendet wurden? In diesem Fall hätte die FED gegen das passive Verwaltungsrecht verstoßen, da jedes Übertragen auf Dritte, Verleihen, Einschmelzen sowie jeder Handel gegen die Lagerverwahrung verstößt. Allerdings ist das nicht gänzlich die Schuld der Amerikaner, da die deutsche Bundesbank dazu verpflichtet ist, regelmäßig Qualitäts- und Quantitätskontrollen der Auslandsreserven zu veranlassen. Stellen Sie sich vor, Sie kaufen für Ihre drei Kinder Goldbarren und lassen diese in Ihrer Bank lagern, sodass sie sie zu ihrem 18. Geburtstag als Starthilfe abholen können. Allerdings hat die Bank die Barren zu diesem Zeitpunkt eingeschmolzen und kann sie angeblich erst in den nächsten fünf bis zehn Jahren stückweise ausliefern. Option A: Die Bank verklagen. Option B: Dem Bankdirektor zu dieser Tat gratulieren. Option A ist die richtige Wahl, Option B was wir tun. Solchen Politikern vertrauen wir und hoffen, dass sie das deutsche Volk kompetent, gewissenhaft und mit größter Sorgfalt durch die kommende Weltwirtschaftskrise führen? Eher steht Elvis Presley von den Toten auf.

Gemäß den Daten der Bundesbank (Ende 2014) besitzt Deutschland 3.384,239 Tonnen an Gold (In- und Ausland) mit einem Gesamtwert von ca. 107 Milliarden Euro. Bis 2020 sollen sich 50% des Bestands in Deutschland befinden, 37% in den USA und 13% in England.

Fazit:

Gold sollte man haben, aber man sollte niemals alles auf eine Karte setzen. Vielleicht geht ja alles gut. Andererseits können wir einen Crash oder eine Vertrauenskrise keineswegs ausschließen. In einem deflationären Umfeld ist Cash besser. In einem extrem inflationären Umfeld hat Gold den

Vorrang. Bei Panik ist Gold äußerst attraktiv. Da Sie für Ihr
Sparguthaben sowieso derzeit nichts bekommen, sollten Sie
lieber gleich etwas in Gold umschichten. Ein paar hochgradig solvente Goldproduzenten mit attraktiven Renditen und
erheblichen Substanzreserven sollte man ernsthaft als Depot-
beimischung in Betracht ziehen. Es gibt auch einige sehr gut
gemanagte Fonds, die in Goldproduzenten investieren. Platin
und Silber halte ich für weniger attraktiv als Gold, weil diese
Edelmetalle auch industriell verwendet werden.

Cash:

O, du wundersames Bargeld. Meistens liegst du so nutzlos am
Boden und verlierst nur an Wert. Aber Cash ist der König der
Krise. Wenn wenige Cash haben, und die Wirtschaft abstürzt,
verbilligen sich die Güter. Andererseits, wenn die Inflation
galoppiert, ist Cash tödlich. Auch bei einer Vertrauenskrise
ist Cash generell attraktiv. Hier muss man aber aufpassen,
dass ein Staatsbankrott oder ein Bankenkollaps nicht direkt
vor der Tür steht. Cash sollten Sie nicht nur bei Ihrer Bank
halten. Dort kann es Ihnen nämlich sehr leicht weggenom-
men werden oder in einer Bankenkrise verschwinden – so
wie in Zypern. Trauen Sie nicht den Zusagen von Frau Merkel, dass Ihre Einlagen sicher sind. Das ist leeres Geschwätz
und kein Gesetz. Vermeiden Sie Banken, die Nostrogeschäfte
tätigen und ganz geringe Verbindlichkeiten zum Eigenkapital
ausweisen, zum Beispiel die Deutsche Bank. Wenn Sie Ihr
Vermögen irgendwo parken müssen, dann suchen Sie sich
reine Vermögensverwaltungsbanken aus. Diese Banken haben leider oft sehr hohe Mindesteinlagen. Das fängt oft erst
bei einem Mindestdepotvolumen von einer Million Dollar an.
Hier gilt eine einfache Faustregel: Je höher die Eigenkapitalquote, desto besser. Diese Banken zocken meistens nicht mit
Ihren Einlagen und verfügen oft über sensationelle Eigenkapitalpolster. Am besten, Sie suchen sich diese Banken nicht
in der EU, Amerika oder der Schweiz. Da werden Sie früher

oder später gefilzt. Falls Ihre Mittel beschränkt sind und Sie nicht über exzellente Bankenkontakte im Ausland verfügen, fokussieren sie sich in Deutschland auf die Volksbanken. Viele Volksbanken haben Eigenkapitalquoten von über zehn Prozent. Fragen Sie nach dieser Kennziffer, bevor Sie ein Konto aufmachen. Und eröffnen Sie lieber Konten bei mehreren Volksbanken. Bei einer schweren Depression werden auch etliche Volksbanken pleitegehen. Informieren Sie sich heute bei Ihrer Bank, was ihre Limits bei Bargeldabhebungen sind. Es kann Tageslimits, Wochenlimits und Monatslimits geben. Dasselbe sollten Sie bezüglich Bargeldabhebungen mit Kredit oder Debit ermitteln. Diese Auskünfte könnten Sie bereits jetzt schockieren. Einige deutsche Banken beschränken die Bargeldabhebung bereits auf 1 000 Euro pro Woche. Haben Sie lieber mehrere kleine Konten als ein großes. Und achten Sie auf die Bonität Ihrer Bank.

Aktien:

Aktien sind attraktiv, wenn die Gewinne und die Dividenden steigen. Leider wird das nicht mehr sehr lange der Fall sein. Die Wirtschaft wird sich umstellen müssen. Gefragt ist in den nächsten Jahren nicht das, was wir haben mögen, sondern eher das, was wir wirklich brauchen. Teure Güter, die man heute nicht unbedingt kaufen muss, wie zum Beispiel ein neues Auto, eine teure Uhr oder Designerklamotten, werden sich in der Wirtschaftsbaisse oder in einem deflationären Umfeld schlechter verkaufen lassen. Warten Sie ruhig. Diese Produkte, und die Aktiengesellschaften, die diese Güter produzieren, werden fast alle günstiger. Andererseits werden jene Aktiengesellschaften relativ gut performen, die zu den niedrigsten Kosten nützliche und lebensnotwendige Produkte produzieren oder vertreiben. In einem Crash werden diese Aktien auch an Wert verlieren, aber deutlich weniger als ihre zyklischen Kollegen. In diesem Umfeld sehe ich wenige Gründe, hohe Aktienpositionen zu fahren. Okay, mit einigen essenziellen nichtzyklischen oder kontra-zyklischen Werten könnte ich leben. Um diese Begriffe etwas besser zu erklären: antizyklische Unternehmen wären Insolvenzverwalter und Pfandhäuser. Nicht oder wenig zyklische Unternehmen wären zum Beispiel Wasserversorger. Die entscheidenden Voraussetzungen sind, ich möchte eine attraktive und gesicherte Dividende haben, die Firmen dürfen nicht verschuldet sein, der Gewinn muss selbst in einer Krise stabil bleiben und die Bewertung muss stimmen.

Anleihen:

Ein schwieriges Thema. Hochverzinsliche Anleihen sollten Sie abstoßen! Warum? Weil die hohe Verzinsung bereits erhebliche unternehmerische Risiken beinhaltet, und wenn das Umfeld deutlich schwieriger werden sollte, reden wir von ernsthaften Bankrottrisiken. Weg mit dem Schrott. Was ist eigentlich eine hochverzinste Anleihe, die oft auch als Junk Bond oder Ramschanleihe tituliert wird? Das hängt vom Zinsumfeld ab. Vor etwa einem Jahrzehnt lagen die Renditen dieser risikobelasteten Anleihen bei circa 13 Prozent. Derselbe Müll bietet heute Renditen zwischen sechs und acht Prozent. Staatsanleihen sind zwar mittel- und langfristig extrem gefährdet, aber in einer Krise performen sie erst einmal neutral oder relativ gut. Das heißt, bis zur Vertrauenskrise in die Solvenz und Überlebensfähigkeit der Währungen, in denen diese Anleihen begeben wurden. Auch Anleihen von sehr großen nichtzyklischen Unternehmen, die sonst kaum verschuldet sind, ergeben in der Krise und bei Deflation Sinn. Sie müssen sich nur sicher sein, dass die Erträge dieser Unternehmen bei einer miesen Wirtschaftslage nicht einbrechen. In einer Krise oder einem Crash, außer es handelt sich um eine Währungskrise, Staatsinsolvenz oder eine Inflationskrise, gehören die liquidesten Staatsanleihen erst einmal zu den Kursgewinnern. Das wären folglich deutsche Bundesanleihen und amerikanische Staatsanleihen, vielleicht sogar die bereits klinisch totgesagten japanischen Staatsanleihen. Bei den kurzfristigen Schweizer Staatsanleihen müssen Sie leider mit einem Negativzins rechnen, um diese erwerben zu wollen. Nicht uninteressant wären Staatsanleihen, deren Zinsen an die Inflation gekoppelt sind. Das sollte zumindest in einem inflationären Umfeld gewissen Schutz bieten. Leider ist dem nicht so, denn die Inflationszahlen werden von einigen Regierungen verfälscht und bewusst nach unten manipuliert. Der an die Inflation angepasste Zinssatz entspricht oft nicht der wahren Inflation.

Immobilien:

Immobilien sind noch so eine schlecht analysierte und mangelhaft differenzierte Anlagealternative wie Gold! Mein Background in Immobilen ist nicht besonders fundiert, aber ich kann zumindest behaupten, dass ich in diesem Bereich nicht gänzlich unbedarft bin. Im Jahr 2005 habe ich eine Börsenhülle, die Informica AG, mit einem Eigenkapital von zwanzig Million Euro ausgestattet und somit ins Leben gerufen. Die Informica AG hat damals mit diesen frischen Mitteln circa 1 000 Wohnungen in guten und sehr guten Lagen für einen durchschnittlichen Quadratmeterpreis von 710 Euro erworben. Die Beleihung war circa 80 Prozent. Inklusive Tilgung sind diese Wohnungen heute etwas weniger als dreimal so viel wert wie vor einem Jahrzehnt. Wenn man den Hebeleffekt miteinbezieht, hat sich der innere Wert innerhalb von zehn Jahren von 20 Millionen auf circa 200 Millionen verzehnfacht. Heute würde ich meinen ehemaligen Kollegen raten, allerspätestens in zwei bis drei Jahren Kasse zu machen. Am besten wäre es, wenn sie mit den Veräußerungen jetzt schon anfangen würden. Selbst für die smartesten Anlageprofis ist es sehr schwer, den tiefsten und höchsten Punkt bei einer Investition beziehungsweise bei einem Verkauf zu erzielen. Aber da noch nie jemand an einer Gewinnmitnahme gestorben ist, ziehe ich es vor, lieber etwas zu früh als zu spät zu verkaufen, denn die Letzten beißen die Hunde. Im Gegensatz zu Gold kann man Immobilien schlecht transportieren oder mit auf die Reise nehmen. Schließlich sind sie immobil. Und das ist das Hauptproblem. Hier kann sich der Staat relativ leicht bereichern. Zudem sind für Mieter und Eigentümer Neben- und indirekte Kosten kaum kontrollierbar. Oft kommt es zu Preisstopps, und die Mieten können nicht mehr so leicht erhöht werden. Meist liegen die Mieterhöhungen dann unter der Inflation. Falls die gewerbliche Nachfrage einbrechen sollte, was ich erwarte, werden diese Immobilien sehr viel an Wert verlieren. Bei Wohnimmobilien müssen Sie erwarten, dass die Menschen wieder enger zusammen ziehen. Was heute wie Wohnungsnot aussieht, kann morgen bereits Wohnungsüberschuss bedeuten. Selbstverständlich sehen viele Bundesbürger Immobilien als Fels in der Brandung. So ging es den Amerikanern auch nach der Dotcom Krise im Jahr 2000. Die Immobile wurde zur bevorzugen Anlagealternative. Präsident Bush sagte damals, »geht shoppen, um die Krise zu bewältigen.« Gehorsam und patriotisch wie die Amerikaner halt so sind, haben sie frenetisch Immobilien gekauft, allen möglichen Unsinn gekauft und der damalige Notenbankchef Alan Greenspan hat das auch noch mit künstlich erzeugten Niedrigzinsen gefördert. Das Resultat dieses Schwachsinns sollte Ihnen bekannt sein: Das durchschnittliche amerikanische Eigenheim verlor ein Drittel seines Wertes. Also Vorsicht bei Dingen, die zu gut sind, um wahr zu sein. Bei nach unten künstlich manipulierten Nullzinsen, frappierend hoher Verschuldung und fetten Immobilienpreisen bin ich tendenziell lieber auf der Verkäuferseite. Der Wert einer Immobilie orientiert sich nicht an inneren Werten, sondern primär an den Mieterträgen und an dem Preis, zu dem eine Bank bereit ist, so ein Objekt zu finanzieren. Mittelmäßige Immobilien, die auch noch stark beliehen sind, braucht niemand in einer negativen Deflation. Oft fallen Liebhaberobjekte in einem Crash so tief im Wert, bis sich eine vertretbare Mietrendite erkennen lässt. Sehr langfristige empirische Analysen belegen zudem, dass mittelmäßige

Immobilien – inflationär bereinigt – langfristig keine besonders spannende Anlagealternative sind. Hochqualitative Anleihen, Gold und Aktien sind in der Regel besser. Stoßen Sie hoch verschuldete, zweit- oder drittklassige Immobilen ab. Wenn Ihre Immobilie, selbst in einer Wirtschaftskrise, eine sehr hohe unelastische Mieternachfrage genießt, dann können sie dieses Objekt halten. Das ist aber die Ausnahme. In der Regel werden Sie als Vermieter mehr Leerstände haben, als es Ihnen recht ist und Sie machen es dem Staat zu einfach, sich auf Ihre Kosten zu bereichern. Des Weiteren wird die Zahlungsmoral in einem schlechten Wirtschaftsumfeld nie besser. Zudem entwickeln sich, selbst in Deutschland, bereits in gewissen Märkten Immobilienblasen. Nehmen Sie lieber den Gewinn mit. Anders ist es bei der eigengenutzten, unverschuldeten Immobilie. Okay, bei einem Spitzenangebot könnte man schwach werden und sich verkleinern. Obwohl der Staat sie bestehlen wird, haben Sie eine gewisse Flexibilität, dem entgegenzuwirken. Schließlich müssen Sie irgendwo wohnen. Dazu später mehr.

Fazit:

Wer soll denn diesen Überhang an Immobilien der Babyboomer Generation teuer erwerben? Hier entsteht ein Überangebot, das nicht so leicht behoben werden kann. Vielleicht kaufen ja die Asylbewerber, die Jungen und Aufstrebenden diese Immobilien. Da gibt es nur ein kleines Problem. Genau diese Menschen müssen immer mehr Rentner mit ihren Steuern finanzieren. Ein weiterer Banken-Crash könnte zu geringerer Kreditfähigkeit und Kreditbereitschaft führen. Bei fallenden Immobilienpreisen steigen normalerweise auch die Eigenkapitalanforderungen. Wer hat schon so viel Cash? Sollte man den Notgroschen wirklich in eine relativ teure Immobilie stecken? Vielleicht, wenn Sie extrem günstig wäre. Das ist in Deutschland, abgesehen von den ländlichen Regionen, wirklich nicht mehr der Fall. Bei Immobilien bin ich, im Gegensatz zu den anderen Crash-Buch-Autoren, weitaus weniger euphorisch, sondern eher skeptisch. Lassen Sie Vorsicht und Verstand walten. Und wenn Sie unbedingt eine Immobilie erwerben wollen, ist es ziemlich sicher, dass die in der nächsten Dekade, zumindest inflationsbereinigt, um einiges billiger wird. Und übrigens, verlieben Sie sich niemals in Objekte.

Private Equity:

Private Equity (außerbörsliches Eigenkapital) ist sicherlich unter normalen Bedingungen ein attraktives Anlagesegment, vor allem, wenn die Erwerbspreise niedrig sind und die Konjunktur stabil oder wohlgestimmt ist. Beides ist zurzeit definitiv nicht der Fall. Dazu kommt, dass Berge an Geld relativ wenige Deals jagen. Belastend sind auch die eher schlechten makroökonomischen Aussichten. Hier sind zudem bereits Blasenbildungen erkennbar. Von diesem Bereich würde ich die nächsten Jahre Abstand nehmen.

PS: Der Überraschungssieger

Sie werden es niemals erraten. Ich musste zwei Monate recherchieren, um herauszufinden, was der beste Performer in der letzten Hochzinsphase (1966-1982) in Amerika war. Landschaftliche Nutzflächen. Besser als Aktien, Anleihen, Rohstoffe, Immobilien und Gold! Das ergibt doch auch Sinn. Erstens werden hier Güter produziert, die man tatsächlich braucht. Und zweitens ist die Nachfrage nach Nahrungsmitteln relativ robust und unelastisch. Der smarte Geldadel ist bereits in diesem Segment positioniert. Er sucht immer die Regionen, in denen gewisse Nahrungsmittel oder Rohstoffe zu den niedrigsten Kosten produziert werden. Zum Beispiel Holz, vor allem Eukalyptus, wird in den amerikanischen Südstaaten, Chile und Teilen Brasiliens am günstigsten erzeugt.

Hier wachsen die Bäume wesentlich schneller als in Russland, Kanada und Skandinavien. Bei Fleischwaren, vor allem Rindfleisch, bieten die Pampas von Argentinien und Uruguay extrem attraktive Nährböden. Der Geldadel orientiert sich aber nicht nur an den höchsten agrarwirtschaftlichen Renditen, sondern auch an der politischen Stabilität eines Landes. Landwirtschaftliche Flächen in Paraguay erzielen zurzeit sehr hohe relative Renditen, nur scheinen das politische Risiko sowie die Kriminalität viel höher zu sein als in Chile oder Uruguay. Angeblich werden Kartoffeln derzeit am günstigsten in Deutschland, Holland und Spanien produziert. Der Preis für Agrarflächen ist in den vergangenen zehn Jahren erheblich gestiegen. Das hat teilweise zu spekulativen Blasen geführt. Jetzt brechen diese Preise in einigen Entwicklungsländern teilweise ein. Das liegt auch am Preisverfall der lokalen Währungen. Mit etwas Geduld und Know-how kann man hier bereits selektiv investieren. Deutschland entwickelt sich immer mehr zum führenden Fleischexporteur der Welt. Das liegt prinzipiell an den gigantischen Mastbetrieben. Das hat weniger mit günstigen naturbedingten Voraussetzungen zu tun, sondern eher mit industriellen Skaleneffekten und modernsten Massenproduktionsstätten.

Währungen:

Jetzt müssen Sie mal ganz kontra-intuitiv mitdenken. Was ich jetzt empfehle, macht, rein logisch betrachtet, gar keinen Sinn. Nehmen Sie den Singapur-Dollar. Diese Währung ist die einzige, die tatsächlich durch Vermögenswerte fundiert ist. Die Schweizer haben zwar hohe Goldbestände, aber im Vergleich mit den Singapurern handeln sie wirtschaftlich zunehmend wie die Länder der Fiatwährungen. Und trotz dieser extremen Sicherheit hat der Singapur-Dollar gegenüber dem US-Dollar über zehn Prozent an Wert verloren. Preise ergeben sich halt durch Angebot und Nachfrage. Wer achtet schon auf innere Werte. In Krisenzeiten ziehen sich die Anwohner auf die Burg zurück, auch wenn die bereits in Flammen steht. Ist die Menschheit wirklich so bescheuert? Die Antwort lautet: Ja. Denn der uns angeborene Flucht- und Sicherheitsinstinkt sucht immer Geborgenheit in der Größe. In der ersten Phase einer Wirtschafts- und Börsenkrise wird es nicht anders sein, als es immer schon war. Die Aktienmärkte fallen. Es entsteht Cash. Das Cash geht in die größte Währung, die es gibt, den US-Dollar. Selbst in die schwerkranken US-Staatsanleihen wird freudig investiert. Fundamentale Gesichtspunkte werden – in der Krise – selten in Betracht gezogen. Zudem ist der US-Dollar gegenwärtig wesentlich liquider als der Yen und der Euro. Dasselbe passiert bei den Aktien. Die Investoren veräußern ihre zum Teil hochattraktiven Nebenwerte, um in der Liquiditätskrise ihr Geld bei den liquiden Aktienriesen zu parken. Bereits seit Monaten fallen grundsolide Währungen, wie der chilenische Peso oder der Singapur-Dollar, gegenüber dem US-Dollar. Selbst der Neuseeland-Dollar, eine grundsolide agrarbasierte Währung, hat im vergangenen Jahr 23 Prozent gegen den US-Dollar verloren. Langsam zeichnen sich, aus rein fundamentalen Überlegungen, einige attraktive Währungsalternativen zum Dollar ab. Das heißt aber noch lange nicht, dass man bereits in diese Währungen umschichten sollte. Sogar der Renminbi wurde abgewertet. Der Vulkan bebt bereits und das scheue Kapital sucht Zuflucht im Dollar Cash, dem Euro und dem Yen. Dem Lazarett des Fiatgeldes.

Fazit:

In einem Crash sollte erst einmal der US-Dollar, beziehungsweise der Euro oder der Yen steigen, selbst wenn der Crash durch Amerika verursacht wurde. Selbst die hoffnungslos übertexteten und krebskranken US-Staatsanleihen sollten im Kurs steigen. Aber das scheint nicht wirklich so zu sein. Mehr und mehr Anleger flüchten ins Cash und ins Gold. Nachdem diese Liquiditätshausse abklingt, ist es ratsam, stark unterbewertete, fundamental solvente Währungen, Sachwerte und Wertpapiere zu kaufen. Man sollte auf Schnäppchenjagd gehen und das Cash clever einsetzen, egal ob es Agrarland, extrem gut positionierte Aktiengesellschaften oder hochattraktive Immobilien sind, die weit unter ihrem Wiederbeschaffungswert liegen. Achten Sie dabei bitte auf Ihr Timing, diversifizieren Sie und investieren sie niemals alles zur selben Zeit. Heldentum wird an der Börse nicht honoriert. Die Börse muss erst einmal einen soliden Boden oder Support finden. Im Börsenjargon heißt es: »Fallende Messer soll man nicht zu fangen versuchen.«

Rohstoffe:

Rohstoffe brauchen Sie nicht in einer negativen Deflation. Die werden von ganz alleine billiger, weil die Nachfrage nachlässt und somit der Preis. Aber in einer inflationären Phase können sie guten Schutz gegen die Geldentwertung bieten. Trotzdem kann man nicht kategorisch ausschließen, dass in einem schwachen Nachfrageumfeld Sondersituationen entstehen (zum Beispiel negative klimatische Bedingungen, Produktions- oder Lieferprobleme) die zu höheren Rohstoffpreisen führen. Das ist aber relativ selten.

Kunst, Antiquitäten:

95 Prozent der modernen Kunst ist spätestens zwei Generation nach ihrem Erwerb wertlos, und es ist dem Markt vollkommen egal, was Sie vor 30 Jahren dafür bezahlt haben. Bei alten Meistern ist das Angebot konstant. Tote können nur schlecht malen. Die Preise variieren mit der Nachfrage. Bei steigendem Reichtum bietet etablierte und anerkannte Kunst einen vernünftigen Schutz gegen Inflation, auch wenn diese Objekte keine Dividenden oder Zinsen zahlen. Einigen Besitzern reicht die ästhetische und emotionale Rendite. Wer möchte sich schon historische Aktienzertifikate an die Wand

kleben? Bei einer Hyperinflation kann es schon mal vorkommen, dass museumsreife Kunst gegen ein Schwein getauscht wird.

Derivate, Put-Optionen, inverse ETFs, Leerverkäufe, Short Futures und so weiter:

Bereits 1980, mit 21 Jahren, habe ich derartig aggressiv auf Kupfer spekuliert, dass meine Positionen das Wembley Stadion füllen konnten. Das war nur deswegen möglich, weil ich zuvor sehr viel und sehr schnell an einer Firmenübernahme verdient hatte. 1982 habe ich alle Examen im Derivate-Handel bestanden, die es damals gab: Futures, Optionen, Optionsscheinen und so weiter. 1983 habe ich in London in Millionenhöhe RUFs (Revolving Underwriting Facilities) bei institutionellen Investoren platziert. Das sind massive Großkreditzusagen auf Abruf. Das war damals extrem innovativ. Seitdem gibt es jedes Jahr eine Unzahl neuer Produkte. Die wenigsten sind wirklich nützlich und fast alle verleiten zur Spekulation. Bei der Baissespekulation werden oft Derivate oder relativ komplexe Finanzinstrumente eingesetzt. Es gibt auch Hedgefonds, die nichts anderes machen, als leer zu verkaufen. Langfristig kann ich solche Produkte nicht empfehlen. Über sehr lange Zeiträume steigen die Börsen immer. Die Welt wächst immerhin schon seit einigen tausend Jahren. Deswegen ist das Leer-Verkaufen, oder Short-Selling auf Englisch über Jahrhunderte hinweg ein Verlustgeschäft. Um auf fallende Kurse mit Derivaten zu setzen, bedarf es eines erheblichen Know-hows, absoluter Stop-Loss Disziplin, professionellster Umsetzung und Betreuung. Sich einigermaßen vor der Baisse zu schützen, ist schon nicht einfach. Aber um Derivate wirklich zu verstehen, erfordert es höchste Sachkenntnis. Und wenn Sie nicht bereit sind, tief in diese Thematik einzusteigen und mit extremer Selbstdisziplin zu agieren, lassen Sie die Finger davon. Eigentlich sollte ein Jagdschein erforderlich sein, um mit diesen gefährlichen Instrumenten zu hantieren. Verbraucherschutz bringt gar nichts. Der Bankangestellte bittet den Kunden, irgendwelche ellenlangen Dokumente über Risikofaktoren zu unterzeichnen, die beide nicht mal ansatzweise verstehen. Bei uns werden schließlich auch nicht Gewehre und Maschinenpistolen an jeden verkauft. Zu was so eine stupide Denke führt, sehen wir jeden Tag in Amerika. Aber die kaltschnäuzigen Nostrohändler brauchen die doofen Zocker, um ihnen teure Volatilität zu verkaufen und um ihren eigenen Müll auf die Amateure abzuladen. Und die Banken und Broker freuen sich über die Kommissionen. Dann sind diese Spekulationsgeschäfte auch noch steuerfrei. Das fiese Zwischenspiel unter den Banken, den Regulierern und der Politik ist hier deutlich erkennbar. Etliche meiner ehemaligen Bekannten haben mit diesen Produkten ihre eigene und die Zukunft ihrer Kinder verspielt. KISS: keep it simple stupid. Schuster, bleib bei deinen Leisten! Es gibt zwar zigtausende Zocker und Derivatehändler, aber ich bin mir sicher, dass es nicht mehr als 50 Marktakteure in Deutschland gibt, die wirklich verstehen, wie man diese Finanzprodukte einsetzt, um an einer Baisse zu verdienen, und dies bereits seit einigen Jahrzehnten belegen können. Vermeiden Sie dieses Teufelszeug, wenn Sie kein absoluter Profi sind oder einen sehr fähigen, erfahrenen, disziplinierten und erfolgreichen Berater haben.

Schulden, Hypothekenkredite:

Schulden sind doch keine Anlageform, werden Sie sofort sagen. Das stimmt nur zum Teil. Schulden sind eher ein Anlagewerkzeug. Seit 2008 gibt es etliche Vermögende, die sich Finanzinstitute zugelegt und auf Kredit billiges Geld von der FED/(PRB) besorgt haben. Mit diesem Geld wird in höher rentierende Staatsanleihen, Unternehmensanleihen, Aktien und Immobilien auf Pump investiert. Die Gewinne dieser Schuldenstrategie waren bisher beeindruckend. Die Gewinner waren aber fast ausschließlich der Geldadel und nicht der Normalbürger. Der professionelle Kreditnehmer achtet haargenau darauf, dass seine Investments sehr liquide sind, weil alle Anlagen, die auf Pump finanziert sind, wesentlich stärker auf Kursbewegungen reagieren als solche, die nicht finanziert sind. Etwas Ähnliches passiert seit dieser Zeit zunehmend im deutschen Immobilienmarkt. Ähnlich wie bei meinem Engagement bei der Informica AG werden Wohnungen und Miethäuser mit einer Finanzierung unter zwei Prozent erworben und durch die Mietzahlungen finanziert. Die Rendite dieser Objekte liegt im Ruhrpott teilweise bei über zehn Prozent. In Berlin liegt die Rendite in besseren Lagen mittlerweile nur noch bei vier Prozent. Das Risiko bei diesen Investments sind prinzipiell Mietausfälle und wesentlich höhere Zinsen, wenn es zur Refinanzierung kommt. Falls es Mietbremsen geben sollte, ist so ein Investment bei galoppierender Inflation gefährdet. Es kann auch passieren, dass die Bank bei einem Wertverlust mehr Eigenkapital vom Investor fordert. Auch Verschlechterungen bei den Abschreibungsmöglichkeiten würden sich negativ auf die Bewertungen auswirken. Diese Anlagestrategie ist sicherlich clever, solange das wirtschaftliche Klima stabil bleibt, die Mieterhöhungen nicht durch den Staat begrenzt werden, die Dauer der Finanzierung im Einklang mit der Gesamttilgung des Objekts ist, solange es keine Rückgriffe auf das Gesamtvermögen des Investors gibt und so weiter. Erfahrene Investoren agieren in diesem Bereich fast immer mit GmbHs, die jeweils nur ein größeres Objekt halten, um bei einer Immobilienbaisse ihre anderen Holdings oder ihr Privatvermögen vor dem Zugriff der Banken zu schützen. In diesem Bereich hätte ich mehr Angst vor dem Staat. Warum sollte der Staat, unter der Annahme, er wäre knapp bei Kasse, weiterhin die komplette Abschreibung der Zinskosten erlauben? Wie wäre es mit einer Quadratmeter-Steuer für Immobilieneigentum von über 150 Quadratmetern von fünf bis zehn Prozent pro Jahr? Kann man diese Kosten auf die Mieter umlegen? Warum sollte die Grunderwerbsteuer nicht sukzessive beim Kauf und beim Verkauf auf zehn

Prozent angehoben werden? Das würde die Attraktivität von Immobilien als Renditeobjekte deutlich mindern. Prinzipiell halte ich einiges vom Erwerb von unterbewerteten, nachhaltigen, produktiven Werten auf Pump. Natürlich macht es Sinn, sich Geld zu leihen, um damit intelligent zu investieren, vor allem, wenn das Geld derartig billig ist. Nur wären mir derzeit die Risiken etwas zu hoch, weil der leichte Gewinn bei dieser Strategie bereits seit mehr als einem halben Jahrzehnt verdient wurde. Also handeln Sie bitte überlegt und rational, wenn Sie diese Strategie anwenden wollen. Und lassen Sie sich niemals durch Gier motivieren und durch Angst einschüchtern.

Inverse Exchange Traded Funds (ETFs) zur Baisse- oder Haussespekulation

Ein **Exchange Traded Fund (ETF)** ist ein Investmentfonds, der an einer Börse gehandelt wird. Es gibt tausende ETFs für alles Denkbare, wie Gold, den Brasilianischen Real, Staatsanleihen, die Dänische Krone, den Dax, Kupfer und so weiter. Einer der Marktführer in diesem Segment ist die Deutsche Bank. Während die klassischen ETFs auf steigende Kurse setzen, wetten die inversen ETFs auf fallende. Oft sind die ETFs auch mit Hebelwirkung ausgestattet. Zum Beispiel kann man einen klassischen ETF für den S&P auch mit dreifacher Hebelwirkung ganz einfach an der Börse kaufen. Das bedeutet, wenn der Index drei Prozent steigt, sollte der ETF um neun Prozent zulegen. Auch die inversen ETFs sind oft mit so einer Hebelwirkung ausgestattet. Das würde bedeuten, wenn der Aktienindex um drei Prozent fällt, sollte der inverse ETF um neun Prozent steigen. ETFs sind in der Regel weniger riskant als Optionsscheine, Futures (standardisierte Wertpapiergeschäfte, die für beide Parteien zu einem bestimmten Zeitpunkt zu einem festgelegten Preis verpflichtend sind), Warenterminkontrakte,

Optionen und andere Derivate. Trotzdem rate ich auch hier zu extremer Vorsicht. Nicht alle ETFs tun nämlich das, was die Investoren von ihnen erwarten. Für erfahrene Investoren können die ETFs durchaus nützliche Anlagealternativen darstellen. Bevor Sie so etwas kaufen, beschäftigen Sie sich bitte intensiv mit den Vor- und Nachteilen. Wenn Sie ETFs kaufen, sollten sie darauf achten, dass sie »physisch repliziert« sind, das bedeutet, dass der ETF der z.B. den DAX abbildet genau DIE Aktien in DER Zusammensetzung hält, die auch in den DAX einfließen. Ändern sich z.B. die Zusammensetzung oder Gewichtungen des DAX (weil beispielsweise ein Unternehmen in den DAX aufsteigt und ihn dafür ein anderes verlässt), so wird auch der Indexfonds in seiner Zusammensetzung entsprechend angepasst. Bei Swap-basierten ETFs wird der Index synthetisch also künstlich nachgebaut. Dabei leiht sich der ETF-Anbieter mitunter Wertpapiere bei einem Partner. Das ist intransparenter und der Partner kann unter Umständen pleitegehen.

Was gibt es sonst noch?

Nahrungsmittelhersteller, Discount-Supermärkte, Agrarland, Lebensmittelhersteller, nicht zyklische Konsumwerte, Pflegeheime, Seniorenheime, Arzneihersteller, Wasserversorger, Insolvenzverwaltungen, Zahnarztpraxen, Bauernhöfe, Bestattungsinstitute, Krankenhäuser, Monaco/Andorra/Singapur/ Cayman Islands/ Bermuda/Luxemburg/Bahamas/Uruguay/ London/Kanalinseln, und so weiter ... Aus verschieden Gründen haben all diese Bereiche in Krisenzeiten einen gewissen Charme. Hier geht es weniger um zyklische und zum Teil antizyklische Bereiche, die sinnvoll, relativ notwendig oder für gewisse Anlagegruppen äußerst nützlich sein könnten. Es würde den Rahmen dieses Buches sprengen, wenn ich dieses Sammelsurium an interessanten Anlagealternativen ausführlich kommentieren würde. Es gibt selbst in der zynischen Geldwelt eine Grundregel: Das, was wirklich nützlich, werthaltig und notwendig ist, hat meistens Bestand. Versuchen Sie, es günstig zu erwerben. Wir reden über Sachwerte, Dienstleistungen und Standorte, die sich in einer Krise als relativ robust erweisen sollten oder sogar von einem Abschwung profitieren könnten! Man sollte nur versuchen, sie äußerst günstig zu kaufen. Die Chance dazu sollten Sie bekommen. Werden Sie Insolvenzverwalter oder Unternehmenssanierer. Diese Bereiche sollten definitiv in der Krise boomen.

Eine neue Weltwährung?

Das einzige bedeutende nationale oder supranationale Geldinstitut, das noch nicht hoffnungslos überschuldet ist, ist der Internationale Währungsfonds (IWF) oder IMF (International Monetary Fund). Über 50 Prozent der Anteile liegen bei den USA und ihren Alliierten. Russland, China, Brasilien, Indien oder Südafrika haben hier keinen nennenswerten Einfluss. Die Eigenkapitalquote liegt bei circa 30 Prozent im Vergleich zur EZB mit vier Prozent und der FED/PRB mit 1,3 Prozent. Im Gegensatz zur EZB und der FED/PRB ist der Geschäftsbericht einigermaßen transparent und verständlich. Der IWF könnte tatsächlich eine ganz neue Währung schaffen, die die großen Fiatwährungen ersetzen könnte. Das halte ich zu diesem Zeitpunkt für pure Konspirationstheorie. Die Amerikaner und ihre Alliierten werden dies erst zulassen, wenn alle anderen Alternativen ausgeschöpft sind.

Was tun?

Zurzeit achte ich auf die Kurseinbrüche an allen wesentlichen Aktienbörsen unserer Welt. Die Systeme zeigen bereits, wie fragil sie sind, und wie schwer sie sich tun, mit diversen

Risiken umzugehen. Ich glaube nicht, dass das wirtschaftliche und finanzielle Armageddon bereits dieses Jahr stattfinden wird. Was mir aber sehr zu denken gibt, ist, dass es diesmal wirklich anders zu sein scheint als bei fast allen anderen Kurskorrekturen und Crashs der vergangenen 115 Jahre. Die kurzfristigen Zinsen sind nicht vor dem Crash gestiegen, wie das normalerweise der Fall war, bevor es an den Weltbörsen knallte. Die Zinsen stehen auf Rekordtief und trotzdem brechen die Kurse ein. Eine Börsenkorrektur ohne Inflationsangst und ohne kurzfristig steigende Zinsen? Fast schon ein Novum. Vielleicht ist die Vertrauenskrise schon viel weiter fortgeschritten als man allgemein vermutet. Das stimmt mich sehr bedenklich. Offensichtlich baut sich durch diese knackige Börsenkorrektur auch die Überbewertung der Aktien teilweise ab, während die Anleihen noch ihren Wert halten. Aber auch bei den angeblich hoch qualitativen Staatsanleihen gab es dieses Mal Kursverluste. Das zeigt mir, dass die meisten Marktakteure noch nicht mit einem Megacrash und dem Niedergang des Fiatgeldes rechnen. Aber eine gar nicht so kleine Anzahl von Marktteilnehmern traut dem System nicht mehr. Das sind für mich die ersten Anzeichen einer tiefgreifenden Vertrauenskrise. Gold funktioniert relativ prächtig zu den Aktien und den Anleihen und steigt moderat, während die Börsen abschmieren. Die Korrektur an den Weltbörsen verläuft bisher einigermaßen geordnet. Verluste von ein bis drei Prozent pro Tag sind noch übersichtlich und deuten nicht auf Panik. Ich kann mir gut vorstellen, dass die Finanzjournalisten die wichtigsten Börsen nach einer zwanzigprozentigen Korrektur zum Kauf empfehlen werden. In diesem Umfeld ist es kaum noch vorstellbar, dass die FED (PRB) die Zinsen anheben wird. Das würde mittlerweile positiv aufgenommen werden. Eine Kurserholung würde mich freuen, denn dann hätte man etwas mehr Zeit, um Vorbereitungen für den richtigen Crash zu treffen. Andererseits ist es auch möglich, dass diese Korrektur relativ zeitnah zu einem Börsendesaster führt. Selbst in diesem Fall sollte sich jeder Staatsbürger auf die kommenden Veränderungen in seinem Leben vorbereiten. Der einzige Unterschied wäre, dass er oder sie weniger Zeit zur dafür Verfügung hätte.

Wenn dieses Buch erscheint, werden wir mehr wissen. Ob die Börse zu diesem Zeitpunkt etwas höher oder wesentlich niedriger ist, ändert nichts an den Kernbotschaften dieses Buches. Der Prozess des Niedergangs der Fiatwährungen kommt nicht über Nacht und wird einige Jahre dauern. Auch die Finanzrepression wird nicht vollumfänglich in einem Jahr umgesetzt, sondern peu à peu. So dynamisch und gut vorbereitet sind die Politiker nicht. Schließlich haben die Bankster auch Jahre gebraucht, um das Vermögen der Steuerzahler anzuzapfen. Auch die Politiker werden einige Jahre brauchen, um den größten Raubzug der Weltwirtschaftsgeschichte mit der Enteignung Ihres Vermögens zu vollenden. Überlegen Sie doch mal, was gerade in Griechenland passiert. Die amerikanische Investment Bank Goldman Sachs hat den Griechen Bilanztricks beigebracht, die es ihnen letztlich ermöglicht haben, in den Euroclub aufgenommen zu werden. Dafür wurden sie königlich bezahlt. Jetzt ist Griechenland pleite und das Tafelsilber wird zu Schleuderpreisen verkauft. Wieder verdient Goldman Sachs. Die Regierenden erfüllen perfekt ihre Funktion als Vasallen des Geldadels. Und die Megareichen erwerben, praktisch ohne Konkurrenz, Sachwerte von nationaler Bedeutung zu Schnäppchenpreisen. Währenddessen nagt mindestens ein Drittel der Bevölkerung am Hungertuch. Wer leitet diese Prozesse aus Brüssel? Mario Draghi, ein ehemaliger Goldman Sachs Investmentbanker. Und liefern Sie mir bitte überzeugende Argumente, warum unsere Politiker anders agieren sollten als die griechischen, wenn bei uns die Krise vor der Tür steht. Ich empfehle Ihnen dringend, im folgenden Segment nicht nur den Bereich zu studieren, der Sie persönlich betrifft. Einige Lösungsansätze und Vorschläge in den anderen Bevölkerungsschichten könnten auch auf Sie zutreffen oder Sie zum Denken anregen.

Welche Optionen haben Arbeitssuchende und Sozialhilfeempfänger?

Jeder sechste Deutsche ist mittlerweile von Armut bedroht. Ich weiß nur zum Teil, wie Sie empfinden, aber ich vermute, was Sie denken. Was will mir dieser Kotzbrocken, dieser arrogante Pinsel erzählen? Ich stamme väterlicherseits aus kleinbürgerlichen Verhältnissen und mütterlicherseits aus dem Großbürgertum. Bis zu meinem neunten Lebensjahr haben wir zu fünft auf 90 Quadratmetern gelebt. Ich weiß, dass dies für Sie fast unvorstellbar ist, aber ich bin nicht mit einem riesigen Goldlöffel im Mund auf diese Welt gekommen. Ich war erst einmal auf einer stinknormalen staatlichen Grundschule und habe mich jeden Tag mit den Arbeiterkindern gekeilt. Von meinem 12. bis zu meinem 18. Lebensjahr habe ich jeden Sommer auf dem Bau gearbeitet. Ich habe Badewannen in den achten Stock von Hochhäusern getragen und Bier für die Arbeiter geholt. Ich war sechs Sommer lang das unterste Bindeglied in dieser Gesellschaft und ich kann nahezu perfekt Hessisch. Ich weiß zwar nicht, was es bedeutet, richtig arm zu sein, aber ich bin nicht ganz so weltfremd wie der durchschnittliche Banker. Ich war 15 Monate in Auslieferungshaft und lebte teilweise mit sieben Inhaftierten auf 19 Quadratmetern. Nach dem Gefängnis habe ich drei Monate zu viert in einer 25 Quadratmeter Wohnung gehaust. Ich habe Multiple Sklerose und bin offiziell schwerbehindert. Meine Schwester ist vor neun Jahren an den Folgen der Multiplen Sklerose gestorben. In meiner Wirbelsäule steckt eine Kugel von einem Mordanschlag, wenige Millimeter vom Rückenmark und den Spinalnerven entfernt. Eine Krankenversicherung habe ich nicht, bekomme ich auch nicht vom Staat, weil ich über 55 Jahre alt bin, und eine Private Krankenversicherung kann ich mir zurzeit nicht leisten. Ich stehe auf der Most Wanted List des FBI, und die wollen mir 225 Jahre Knast anhängen. Ich verteidige mich in vier Verfahren gegen

übermächtige Staatsapparate und Profikläger. Mit meinem
Vater habe ich seit drei Jahrzehnten keinen Kontakt. Meine
Mutter ist schwer krank. Mein Kreuz ist vielleicht nicht so
leicht, wie Sie vermuten. Ich bin ein gläubiger Christ geworden. Glauben Sie mir, ich nehme das sehr ernst, was ich hier
gerade schreibe. Ihre Möglichkeiten sind sehr beschränkt,
um mit der kommenden Krise fertig zu werden. Das ist die
nackte Wahrheit. Aber resignieren Sie bitte nicht. In der bevorstehenden Misere werden diejenigen bestehen, die Nützliches leisten können. Dazu sind Sie fähig! Haben Sie eine Ausbildung als Schreiner, Klempner oder irgendetwas anderem?
Verstehen Sie etwas vom Handel oder von Tauschgeschäften?
Das könnte noch extrem nützlich werden. Versuchen Sie unbedingt, Arbeit zu finden, solange das noch möglich ist. Teil-
zeitjobs, Gartenarbeit, Haushaltshilfe, Krankenpflege, Bau,
Kellner ... Seien Sie sich nicht zu schade, eine Arbeit anzuneh-
men, die unter Ihrem Niveau liegt. Irgendetwas läuft fast immer. Arbeiten Sie mit anderen zusammen. Tauschen Sie sich
mit anderen aus. Gründen Sie Selbsthilfegruppen. Unterstützen Sie sich gegenseitig. In der Einheit und im Team liegt die
Stärke. Nur auf den Staat dürfen Sie sich nicht verlassen. Ich
weiß, dass es Ihnen an allen Ecken und Enden fehlt, aber versuchen Sie trotzdem, jeden Monat etwas zur Seite zu legen.
Wenn Sie Sky oder andere Dienste haben sollten, bestellen
Sie diese ab oder einigen Sie sich mit Ihren Freunden, dass
nur noch einer den Service behält. Dann schauen Sie sich
gemeinsam die Fußballspiele an. Die Lebenshaltungskosten
für Nahrungsmittel sollten in den nächsten Jahren weiterhin fallen. Kaufen Sie so smart ein wie möglich. Nehmen Sie
Nebenjobs an. Legen Sie das Geld zur Seite. Brauchen Sie
dringend ein Auto oder geht das auch mit dem Fahrrad und
den öffentlichen Verkehrsmitteln? Vergessen Sie die Bild-Zeitung. Das kostet Sie 24 Euro im Monat und verblödet Sie nur.
Falls Sie eine günstige Internetverbindung haben, dann teilen
Sie diese Kosten mit denjenigen, die keine haben. Rauchen
kostet locker 150 Euro im Monat. Ich bin selbst süchtig, aber

bevor ich mir nichts mehr zu essen kaufen kann, werde ich mit diesem Schwachsinn aufhören. Geben Sie keine Kohle für teure Markenartikel und Designerkrimskrams aus. Das erwarten die Politik und die Wirtschaft von Ihnen. Gerade deswegen sollten Sie gegen diesen Konsumschwachsinn mit intelligentem Kaufverhalten reagieren. Sind Sie körperlich einigermaßen fit? Dann arbeiten Sie als Erntehelfer. Das ist immer noch besser als vor der Glotze zu verblöden. Kennen Sie jemanden, der einen Schrebergarten hat? Helfen Sie ihm bei der Bewirtschaftung und lassen Sie sich in Nahrungsmitteln bezahlen. Wenn Sie einen Schrebergarten günstig mieten können, machen Sie das und bewirtschaften Sie ihn. Am besten mit Freunden. Das ist gesund, unterhaltsam und Sie sind an der frischen Luft. Wenn das Leitungswasser bei Ihnen nicht trinkbar sein sollte, holen sie sich kostenlos trinkbares Wasser, wo Sie nur können. Sie glauben, ich will Sie verarschen. Keineswegs. Etliche Millionen Europäer praktizieren bereits das, was ich hier schreibe. Nutzen Sie die Angebote der Armenpflege, wo Sie können, und sparen Sie, was das Zeug hält. Im September 2014 habe ich verschiedene Campingplätze im Rhein-Main-Gebiet besucht. Das beste Angebot war ein Stellplatz für ein Wohnmobil oder eine kleine vierzig Quadratmeter große »Hütte« für einhundert Euro im Monat, inklusive Strom und Wasser. Da konnte man sogar noch was dazu verdienen, wenn man bei der Kneipe am Wochenende als Aushilfe gearbeitet hat. Der Blick war sensationell, besser als der von meiner alten Villa in Königstein im Taunus. Kaufen Sie gebrauchte Möbel oder gehen Sie mit Kumpanen auf Sperrmülljagd. Das habe ich nach dem Knast, ich war damals total blank, auch gemacht. Die Möbel habe ich noch, und sie funktionieren bestens. Sie wissen doch selbst viel besser als ich, was Sie machen können und sollten. Fangen Sie an! Ich weiß, dass all dies erniedrigend sein mag, aber was glauben Sie denn, wie zig Millionen Spanier, Italiener, Griechen und Portugiesen sonst über die Runden kommen würden? Es ist mir vollkommen egal, was Sie von mir halten, aber ich bete regelmäßig für die Armen und die Kranken und helfe wo und wie ich kann, vor allem ehemaligen Knastbrüdern sowie verarmten und misshandelten Frauen und Kindern und Familien in Liberia, die mit 30 Euro im Monat klarkommen müssen. Und jetzt kommt die womöglich sinnvollste und kontroverseste Empfehlung, die ich in diesem Buch ausspreche. Wer interessiert sich denn wirklich für Sie? Die CDU, CSU, FDP, die Grünen oder die SPD? Ich war mal recht nah mit der FDP verbunden. Vergessen Sie es! Die haben keine Ahnung, was mit Ihnen los ist. Denen sind Sie schnurzegal. Die einzige Partei, die Ihre Interessen vertritt, ist die Linke. Gysi, Wagenknecht und Konsorten. Also wählen Sie und stellen Sie somit sicher, dass Ihre Stimme gehört wird. Ihre Zahl und Ihre Macht werden wachsen. In gewissen Wirtschaftsfragen ist die Linke ohnehin kompetenter und auf jeden Fall ehrlicher als die Mainstream-Parteien. Ich empfehle Ihnen, die folgenden Videos über das Internet anzuschauen:

➤ http://le-bohemien.net/2015/07/03/gregor-gysi-der-prophet/#

➤ https://www.youtube.com/watch?v=Z5PqR1GgeFs

Wenn die Linke eines Tages vielleicht zwanzig Prozent der Stimmen erhält, werden vielleicht nicht weiterhin Sandburgen gebaut, um Tsunami-Wellen aufzuhalten. Vielleicht werden Sie dann wie vollwertige Menschen behandelt. Okay, ich bin vielleicht etwas parteiisch, weil sich Frau Wagenknecht für meine Rechte eingesetzt hat, während ich in Italien im Knast saß. Das ist Nebensache. Gehen Sie bitte zur Wahl. Bei der nächsten Wahl, wähle ich auf jeden Fall die Linke.

Bei Ihren Bemühungen wünsche ich Ihnen Glück und Erfolg.

Welche Möglichkeiten bestehen für Studenten, Auszubildende oder Berufseinsteiger?

Ich erlaube mir jetzt die enorme, ungeheuerliche Frechheit und werde Sie duzen. Ich nehme mir diese literarische Freiheit, weil ich mit 99,45 Prozent Wahrscheinlichkeit älter bin als du. Im Gegenzug, falls ihr mich jemals treffen oder mit mir kommunizieren solltet, könnt ihr mich Florian nennen. In den vergangenen sechs Monaten haben zwei Studenten und ein hochbegabter Schüler Praktika bei mir abgeschlossen. Von denen habe ich einiges gelernt und bin deswegen auch etwas mehr im Thema. Meine Tochter ist noch Schülerin und mein Sohn studiert. Wir verstehen uns gut. Ich bin zwar steinalt für euch, aber im Kopf, im Herz und in der Seele fühle ich mich immer noch jung und beweglich. Im fortgeschrittenen Alter von 55 Jahren neigt man dazu, dass man leicht Sachen vergisst, zum Beispiel, dass man selbst mal Schüler, Student oder in der Ausbildung war. In Harvard haben sich damals 13 Schüler für einen Studienplatz beworben. 1982, als ich meinen ersten Job an der Wall Street bekam, haben 2 000 Studenten um diesen Posten konkurriert. Damals war das wirtschaftliche Umfeld hundsmiserabel. Die Inflation lag deutlich über zehn Prozent und die Arbeitslosigkeit war sehr hoch. Die Berufsaussichten waren denkbar schlecht. Und in einer solchen Phase befindet ihr euch auch, selbst wenn es aktuell vielleicht nicht so scheint und ihr das nicht so gerne hören wollt. Es tut mir wahnsinnig leid, dass unsere Generation, die 50- bis 70-Jährigen, euch einen solchen Saustall hinterlassen hat. Wir sind die Ursache dieser perversen Verschuldung, mit der ihr jetzt klar kommen müsst. Wir haben jahrzehntelang über unseren Verhältnissen gelebt und ihr müsst diesen Scheiß ausbaden. Das ist unfair, aber es ist halt so, wie es ist. Verzeiht uns, den Grufties, denn wir wussten meistens nicht, was wir getan haben. Ich habe monatelang intensiv für dieses Buch recherchiert. Dabei haben mir Studenten und Schüler geholfen. Meine Aufgabe war es, ihnen dabei etwas Wissen und Lebenserfahrung mitzugeben. Wenn euch eure Zukunft interessieren sollte, dann bitte ich euch darum, auf die folgende Webseite zu gehen: http://www.new-normal. com/. Auf dieser Webseite könnt ihr kostenlos das elektronische Buch *Bloom, Bloom and the New Normal* downloaden. Dieses Buch erklärt – wie kaum ein anderes – bestens, in welche Richtung der Zug fährt. Diese Empfehlung spreche ich übrigens für alle Leser aus. Selten habe ich ein besseres Buch zur Wirtschaftslage, den demographischen Veränderungen, den Aussichten sowie den bevorstehenden Paradigmenwechseln gelesen, mit denen alle Bundesbürger in den kommenden Jahren konfrontiert werden. Das Buch ist kostenlos! Das Buch könnt ihr euch auch über Amazon.com besorgen. Leider gibt es dieses Buch aktuell nicht auf Deutsch. Wenn eure Englischkenntnisse mangelhaft sind, dann macht euch trotzdem die Mühe, es zu verstehen. Mit der Google-Übersetzungsfunktion könnt ihr euch durchwursteln. Erlaubt mir eine kurze Zusammenfassung. Ihr seid leider auf euch alleine gestellt. Erwartet nichts vom Staat. Das Konsumdenken eurer Eltern und Großeltern wird euch nicht glücklich machen. Wichtig wird es sein, etwas zu können. Handwerkliches Know-how könnte wichtiger sein als irgendwelche Qualifikationen als Finanzdienstleister. Wenn ihr für jemanden arbeitet, achtet darauf, dass euer Arbeitgeber etwas macht, das wirklich gebraucht wird. Wenn ihr knapp bei Kasse seid, was in den meisten Fällen zutreffen wird, lebt lieber in einer WG und teilt euch die hohen Miet- und Nebenkosten. Auch bei den Eltern zu wohnen ist keine Schande. Das ist mittlerweile in Spanien die Regel und nicht mehr die Ausnahme. Schminkt euch bitte teure Klamotten und Statussymbole ab. Erstens braucht ihr die nicht und wenn ihr meint, dass ihr sie aus irgendeinem unerklärlichen Grund benötigt, wartet lieber. Second Hand ist in. Versucht auf keinen Fall *trendy* zu sein. Das geht mit einem kleinen Budget gar nicht und ist irgendwie falsch. Party, Drinks, Abfeiern, all das ist meistens relativ teuer. Schmeißt lieber die Partys bei euch, in einem Park, am Fluss oder auf dem Land. Das macht oft mehr Spaß und ist günstiger. Wenn ihr Urlaub macht, empfehle ich Jugendherbergen oder »Zimmer-Massenbelegung.« Was die Auswahl des Studienfachs betrifft, rate ich euch, mal ganz genau auf euer Inneres zu hören. Studiert etwas, von dem ihr begeistert seid. Sehr viel bedeutender als die Wahl des Studienfachs ist die allgemeine Einstellung zum Leben und Lernen. Es ist von essenzieller Bedeutung, auch im fortgeschrittenen Alter wach und neugierig durch das Leben zu schreiten und offen für neue Abenteuer zu sein. Verharrt nicht auf stupiden Berufsperspektiven, die von sogenannten *High Potentials* fälschlicherweise angepriesen werden. Zum Beispiel erachte ich es als extrem unwahrscheinlich, dass weiterhin bis zu 20 Prozent der Studierenden im Finanzbereich ihr Glück finden werden. Diese Branche ist prädestiniert für eine längere Gesundschrumpfungsphase, auch bei uns in Deutschland. In den meisten westlichen gut entwickelten Nationen herrscht derzeit akutes *Oberbanking* und dies bedeutet in der Regel unterdurchschnittliche Karriereaussichten in diesem Bereich. Ihr müsst euch bewusst sein, dass sich die Bereiche Biotechnologie, Hightech und Start-ups in einer erkennbaren Blase befinden, was jedoch nicht bedeutet, dass diese Bereiche langfristig uninteressant sind. Aber hier wird es definitiv zu einer Marktbereinigung kommen, in der diejenigen bestehen, die gut finanziert sind und sich auf Nützliches und Brauchbares fokussieren. Vermeidet banale, *me-too ventures*, die nicht mehr sind als eine temporäre Modeerscheinung. Egal, was euch vermeintliche Karriereguru, High-Flyer oder sogar einige Universitäten suggerieren, das einzig Wichtige im Leben ist Glückseligkeit und Liebe. In eurem Leben könnt ihr nicht annähernd so viele Fehler machen, wie ich es getan habe. Das Gute an diesen *fuck-ups* ist, dass man beim Suchen auch gelegentlich die Wahrheit findet. Liebe ist Weisheit und Weisheit ist Liebe. (Zitat: *Our Ladys Message of Mercy to the World*). Macht euer Hobby zum Beruf, dann werdet ihr nie zur Arbeit gehen. Der Spruch kommt nicht von mir, sondern von Konfuzius. Reflektiert mal ernsthaft über Selbstständigkeit und Unternehmergeist. Es ist gut möglich, dass die Traumjobs knapp werden und dass ihr sie euch selbst schaffen müsst. Ganz entscheidend ist: »Was immer ihr macht, macht es richtig.« Der Spruch kommt von meinem Großonkel Josef Neckermann, ein Großunternehmer, Nazi, Sporthilfe-Chef und Olympionike. Das Konkurrenzumfeld wird nur noch härter. Leistung zählt, aber emotionale Intelligenz, laterales Denken und Kreativität sollten mindestens genauso wichtig sein. Lest doch bitte von Dale Carnegie *How to Win Friends and Influence People*. Das hilft euch, eure emotionalen Fähigkeiten zu steigern. Hier gibt es natürlich auch eine deutsche Version. Ich empfehle die englische. Manchmal haben wir Bedarf an Praktikanten oder Trainees. Wenn ihr wollt, dass ich bei eurer Universität einen Vortrag halten soll, meldet euch. Leider wird das gelegentlich von den Universitätspräsidenten wegen meines extrem kontroversen Standings untersagt. Ich freue mich auf euer Feedback. Destruktive Hassmails werde ich nicht beantworten. Ich wünsche euch alles Gute auf eurem Werdegang.

Wie steht es um Staatsangestellte, Frührentner und Rentner?

1889 hat Bismarck in Deutschland die Rente eingeführt. Sie wurde mit 65 Jahren ausgezahlt. Die Rente war damals ein fragwürdiges Finanzprodukt. Alle Erwerbstätigen haben eingezahlt, aber aus Sicht des Staates war es ein fettes Gewinngeschäft. Die durchschnittliche Lebenserwartung lag vor 126 Jahren nur bei 45 Jahren. Die massiven Löcher in den europäischen Rentenkassen sind deswegen entstanden, weil der Rentenzahler mittlerweile viel länger lebt, als es die Aktuare und Berechnungsexperten kalkuliert hatten. Das wurde irgendwann auch den Politikern klar, die dieses unangenehme und riskante Thema nicht ansprechen wollten. Die Rentensysteme in Amerika, Europa und Japan sind fast bankrott, weil langfristig die Rentenverpflichtungen zukünftige Rentenbeiträge bei weitem übersteigen. Aber die Rentensysteme sind noch nicht insolvent. Um das zu verhindern, gibt es einige Lösungen: Die Renten werden massiv besteuert, das Rentenalter wird der Lebenserwartung angepasst, eine hohe Inflation frisst die Rentenansprüche auf und so weiter. Fakt ist, dass die Renten weder sicher, noch ausreichend sind, um sich einen stressfreien Lebensabend zu gestalten. Eigentlich bin auch ich eine Art Frührentner. Ich schreibe Bücher und halte Vorträge, habe eine Arbeit auf 550–Euro-Basis und bekomme eine bescheidene Schwerbehindertenrente. Staatsangestellter war ich auch. Von 2003 bis Mitte 2012 habe ich als Sonderbotschafter, Kulturattaché und UNESCO-Delegierter für die Republik Liberia gearbeitet. In dieser Zeit habe ich gänzlich auf mein Gehalt verzichtet und circa sieben Millionen Dollar für dieses extrem arme Land mobilisiert. Damals konnte ich mir das leisten. Heute ist das anders. Ich muss arbeiten, schon deswegen, weil ich meine Anwälte bezahlen muss. Seit Jahren liegen die Rentenerhöhungen unter der wahren Inflation. In unserem Land gibt es sehr viel Altersarmut. Milliarden werden in total nutzlosen Militärausflügen in Afghanistan oder in irrsinnigen Bankenrettungen verballert. Das Geld sollte bei denen ankommen, die es am dringendsten benötigen. Bei Ihnen und den sozial Schwachen, vor allem bei denen, die unter Altersarmut leiden. Sie gehen sicherlich schon sehr vorsichtig und intelligent mit Ihrem Geld um. Deswegen werde ich auch keine langatmigen Empfehlungen aussprechen. Sie wissen, was Sparen bedeutet. Es ist wahrscheinlich, dass die Preise für gewisse Güter weiter fallen sollten. Ich rede von Öl, Benzin, Kleidung und gewissen Nahrungsmitteln. In vielen Bereichen bestehen Überkapazitäten bei nachlassender Nachfrage. Das bedeutet, Sie können die gleiche Menge für weniger kaufen. Bei größeren Anschaffungen würde ich etwas warten. Die sollten günstiger werden. Sie sollten erst einmal von der Deflation profitieren. Wenn aber die Deflation eines Tages in Inflation umschwenkt, wird es sehr schwer, mit den bescheidenen Rentenzahlungen klarzukommen.

Dieses Szenario gab es schon etliche Male in der Wirtschafts-geschichte. Leider kann ich Ihnen keine Patentlösungen an-bieten. Eine ernsthafte Überlegung sollte es sein, in Länder oder Regionen zu ziehen, in denen Ihre Rente wesentlich mehr Kaufkraft hat als in Deutschland. Das Angebot ist riesig. Es gibt bereits tausende deutsche Rentner, die in Osteuropa, Südeuropa, Namibia, Asien und Südamerika residieren. Hier gibt es inzwischen recht große deutsche Kolonien mit einer entsprechenden Infrastruktur. Besonders interessant sind die Regionen, in denen die lokalen Währungen gegenüber dem Euro stark an Wert verloren haben und die Immobilien und Mietpreise bereits stark gefallen sind. Aber eines können Sie definitiv machen: Hamstern. Bevor das Klima von negati-ver Deflation auf hohe Inflation umschwenkt, müssen Sie auf Vorrat kaufen. Lagerflächen wären dann sinnvoll. Alles wird teurer, aber Ihre Rente wird nicht mit den Preiserhöhungen, die langfristig unumgänglich sind, mithalten können. Sie schützen sich, indem Sie gewisse, dringend notwendige Din-ge erwerben, bevor sie deutlich teurer werden. Kaufen Sie vor allem Sachen, die lange haltbar sind, die Sie regelmäßig be-nötigen und auch lagern können. Kaufen Sie große Mengen und vergleichen Sie akribisch die Preise. Aber was erzähle ich Ihnen da? Sie verstehen viel mehr von Sonderangeboten als ich. Eine andere Möglichkeit wäre, durch Nebenjobs oder Ne-beneinkünfte die mageren Rentenzahlungen aufzubessern. Halten Sie Ausschau nach solchen Gelegenheiten. Vielleicht können Sie einen Untermieter bei sich unterbringen. Viele kleine Schritte können auch zum Ziel führen. Auf jeden Fall wünsche ich Ihnen von ganzem Herzen viel Glück.

Staatsdiener und Beamte. Auf dieser Bevölkerungsgruppe wird viel herumgehackt. Auch ich äußere mich sehr kritisch zu den Verfehlungen der Politiker, aber verstehen Sie mich bitte richtig, damit meine ich nicht Sie. Ich hatte Unterneh-mungen auf vier Kontinenten und habe selber in zwölf ver-schieden Ländern gelebt. In meinem Leben hatte ich wegen meiner Firmen und als Privatperson viel Kontakt mit Beamten. Am 19.12.2014 wurde ich in Erlangen von zwei Hauptkommissaren bei einer Routinekontrolle verhaftet. Die Schweizer Staatsanwaltschaft hatte einen Haftbefehl ausgestellt, der in Deutschland nicht gültig war. Das war reine Schikane. Das konnten die Polizisten zu diesem Zeitpunkt aber nicht wissen. Ich wurde äußerst korrekt behandelt. Ich durfte ausführlich mit meinen Anwälten sprechen. Mir wurden keine Handschellen angelegt. Dann wurde ich für die Nacht in einer Zelle untergebracht. Man brachte mir eine Decke und etwas zu trinken. Ein Polizist fragte mich, ob man die Heizung wärmer stellen sollte. So zivil und korrekt hat man mich in Italien nicht behandelt. Der Hauptkommissar verblieb wegen mir länger, als es seine Dienstzeit verlangte, und hat sich mit dem Bundeskriminalamt in Verbindung gesetzt. Die haben dann den Haftbefehl untersucht und ihn für wirkungslos erklärt. Um fünf Uhr früh wurde ich aus meiner Zelle entlassen. Ich habe mich später persönlich für das professionelle und zivile Verhalten bei den Hauptkommissaren und ihren Kollegen bedankt. Diese kleine Episode sagt viel über die Kompetenz der deutschen Beamten aus. Bei uns werden die Gefängniswärter geschult. Polizisten müssen nicht nur überdurchschnittlich intelligent sein. Sie müssen sich auch schwierigen Eignungstests unterziehen. Viele deutsche Beamte arbeiten zunehmend bis ins hohe Alter, obwohl sie schon längst in Rente gehen könnten. Bei etlichen Besuchen diverser Ämter war die Mehrzahl der Beamten entgegenkommend, gut ausgebildet und freundlich. Aus meiner eigenen langjährigen Erfahrung und basierend auf etlichen Vergleichsstudien ist eins glasklar: Der deutsche Beamte ist im direkten Vergleich zu seinen internationalen Kollegen sehr organisiert, produktiv, effizient und besser ausgebildet. Es gibt etwas weniger als zwei Millionen Beamte in Deutschland. Die Vergütung der Beamten entwickelt sich seit Jahren ungefähr mit der Preissteigerung. Im Gegensatz zu den Beamten steigen die Diäten der politischen Elite deutlich schneller als die Inflation. Hier gibt es eindeutig eine Zweiklassengesellschaft. Der Beamte oder diejenigen, die für den Staat arbeiten, sind weniger jobgefährdet als diejenigen, die in der freien Wirtschaft tätig sind. Deswegen verdienen sie in Deutschland auch etwas weniger. Ich halte es für wahrscheinlich, dass die Gehälter der Beamten mit der Inflation im Einklang bleiben. In der negativen Deflation sollte sich ihre Kaufkraft erhöhen. Trotzdem empfehle ich Ihnen, Reserven aufzubauen und größere Anschaffungen etwas nach vorne zu schieben. Es kann durchaus sein, dass Ihr relativ sicherer Job eines Tages dazu dient, denjenigen in Ihrem Umfeld zu helfen, die nicht so privilegiert sind wie Sie. Sie müssten die Krise recht gut überstehen. Andererseits hieß es mal, dass die Beamtenrente nicht besteuert wird. Auch unter den Tories in England sowie in den USA wird gezielt versucht, den Sonderstatus der Beamten und deren Gewerkschaften zu untergraben. Wenn Ihnen ihre Arbeit Spaß macht und Sie kerngesund sind, gehen Sie lieber nicht in die Frührente und bauen Sie ihr Sicherheitspolster weiter auf. Achten Sie auf die allgemeinen Empfehlungen in diesem Buch. Viel Glück.

Wie sollte die Mittelschicht agieren?

Die Mittelschicht in Deutschland ist riesig, aber seit einem Jahrzehnt leicht rückläufig. Im Gegensatz zu England und den USA, wo die Mittelschicht deutlich schrumpft, wirken wir jedoch noch relativ stabil. Die Mittelschicht umfasst 50 Prozent der Bevölkerung. Das mittlere monatliche Einkommen der Mittelschicht bewegt sich zwischen 1 310 bis 2 460 Euro für Singles und 2 750 und 5 160 für Haushalte mit zwei Kindern. Die Vermögen der Mittelschicht variieren enorm, aber der Mittelwert liegt bei 51 000 Euro. Das bedeutet, 50 Prozent der Vermögen liegen über dieser Zahl und 50 Prozent darunter. Hier gibt es schon etwas für den Staat zu holen. Jedoch stellt diese Schicht eine derartig große Wählerschicht dar, dass es politischer Suizid wäre, hier die Steuern leicht erkennbar, deutlich zu erhöhen. Das geht besser etwas verdeckt. Mehrwertsteuererhöhungen, Nebenkostenexplosion, Gebühreninflation, Grunderwerbssteuererhöhungen und so weiter sind weniger auffällig. Die Mittelschicht sollte sich nicht so wesentlich anders verhalten als die Einkommensarmen, aber sie hat einen viel größeren Handlungsspielraum. Das bedeutet trotzdem, dass Sie in den nächsten Jahren eher weniger konsumieren und mehr zur Seite legen sollten. Brauchen Sie unbedingt jetzt ein neues Auto oder Designermöbel? Es ist hochwahrscheinlich, dass diese Güter noch günstiger werden. Brauchen Sie jetzt unbedingt Aktien? Auch die sollten sich in den nächsten Jahren verbilligen. Akkumulieren Sie lieber etwas Gold zur Diversifikation. Wenn es zum Chaos kommen sollte, ist Gold wirklich Gold wert. Besorgen Sie sich ein Schließfach. Den Banken können Sie wirklich nicht trauen. Dem Staat sowieso nicht. Die Deutsche Bank ist aus meiner Sicht eine Zeitbombe. Das gleiche gilt für einige andere deutsche Großbanken. Versuchen Sie es doch mal mit ihrer lokalen Volksbank. Da sind sie wirklich besser aufgehoben. Wollen Sie aktuell eine Immobilie zur Eigennutzung kaufen? Das könnte noch ein paar Jahre gut gehen, aber wie steht es damit, wenn wir in eine globale, durch negative Deflation geprägte Wirtschaftskrise rutschen? Wenn Arbeitsplätze, Regierungen, Banken und somit Immobilien gefährdet sind? Ihre Abschreibungsmöglichkeiten sind bei privat genutzten Immobilien zudem gleich null. Sie machen sich immobil, und das in einer Phase, in der höchste Agilität gefragt sein wird. Außerdem ist Immobilieneigentum sehr leicht besteuerbar. Eine eigene Immobilie könnte Sinn ergeben, wenn die Zins- und Tilgungskosten deutlich unter vergleichbaren Mietalternativen liegen und wenn Sie einen wirklich sicheren Job haben. In irgendetwas investieren, weil es viele so machen, war noch nie ein Rezept für Anlageerfolg. Man sollte nicht versuchen, auf fahrende Züge aufzuspringen. Von Kapitallebensversicherungen (KLV) und Bausparverträgen halte ich leider überhaupt nichts. Bei den KLVs wird Ihnen nicht einmal transparent erklärt, was mit Ihrem Geld passiert. Die Riester-Rente hat eine, aus meiner Sicht, nicht besonders attraktive Verzinsung nach Steuern, vor allem für Besserverdiener, und investiert auch noch in fragwürdige Staatspapiere. Sie kann sich für Geringverdiener aufgrund der staatlichen Förderung auszahlen. Aber Staatspapiere sind mittel- und langfristig riskant. Leider hängt das Fortbestehen des Euro nicht nur vom deutschen Wirtschaftsgeschehen ab, sondern von europäischen und globalen Faktoren. Die Zeit der D-Mark ist vorerst vorbei. Diese Produkte funktionieren nur, wenn das Papiergeld in den nächsten Jahrzehnten nicht entwertet wird. Das halte ich für ausgeschlossen. Was mich am meisten an all diesen Produkten stört, ist, dass sie Ihre Flexibilität erheblich einschränken. Sie verpflichten sich, sehr langfristig und regelmäßig einzuzahlen. Aber ihre erwartete Rendite könnte schon durch eine normale Inflation von vier oder fünf Prozent aufgefressen werden. Die sehr hohen transparenten und verdeckten Kosten dieser Produkte belasten zusätzlich Ihren Return. Außerdem basieren alle diese Produkte auf einem Vertrauen in den Staat, in die Währung und in eine gesunde, inflationsfreie, kontinuierlich positive wirtschaftliche Entwicklung. Wenn alles so weiterläuft wie bisher, könnte man solche Produkte in Erwägung ziehen. Es wird aber nicht alles so weiterlaufen wie bisher. Also, Finger weg! Viel intelligenter wäre es, Sachwerte oder erstklassige Aktien nach einem Crash zu erwerben oder im Vorfeld einer Vertrauenskrise Gold oder Goldaktien zu kaufen. Abschreibungsmodelle für Containerschiffe, Hotels, Filme und sonstiges führen tatsächlich zu hohen Abschreibungen, sollten aber in den kommenden Jahren zu noch höheren Verlusten führen. Vermeiden Sie Finanzdienstleister jeglicher Art. Die verkaufen selten die besten Produkte, sondern jene mit den höchsten Provisionen. Wenn Sie etwas Zeit haben, bilden Sie sich, was Anlagealternativen betrifft, unbedingt weiter. Achten Sie bei der Lektüre messerscharf darauf, dass die Autoren in keiner Weise gekauft oder befangen sind. Sie tun sich den größten Gefallen, wenn

Sie die wirtschaftlichen und finanziellen Themen ausreichend
verstehen, um sich selbst eine eigene Meinung bilden zu können. Sie werden weniger abgezockt und sind nicht länger ein
gefundenes Fressen für Provisionsjäger. Sie folgen nicht mehr
blind der Masse und entscheiden zudem selbst, was wirklich
für Sie Sinn ergibt. Cash ist erst einmal King. Und das sollte
man nicht nur auf dem Konto haben. Seien Sie smart. Tauschen Sie einige Euros in Schweizer Bargeld um und deponieren Sie die an einem sicheren Ort. Auch Dollars sollten nicht
unbedingt schaden, auch wenn die Kurse dieser Währungen
bereits stark gegen den Euro gestiegen sind. Gold und Sil-
bermünzen in Standardformaten (Maple Leaf, Krügerrand,
et cetera) gehören auch zur Diversifikation und zum Sicherheitspolster. Selbst Dänische und Schwedische Kronen sind
erwägenswert. In einer Inflation stehen Sie besser da als sozial schwache und Rentner. Ihr Gehalt sollte einigermaßen mit
der Inflation mithalten können, auch wenn in einem solchem
Umfeld die Arbeitslosigkeit steigt. Handwerker jeder Art, Me-
chaniker, Landwirte, auch gewisse Kleinunternehmer könnten diese Krise relativ gut meistern. Sie bieten in der Regel etwas, was wirklich nützlich ist und gebraucht wird. Vielleicht
fällt zwar die Nachfrage, aber wenn weniger gebaut oder produziert wird, muss auch mehr repariert und gewartet werden.
Zudem lassen sich solche Dienstleistungen auch leicht gegen
Bares oder andere nützliche Güter tauschen. In schweren Krisen und in einem hyperinflationären Umfeld sind Landwirte
und ihre Produkte gefragt. Sie sollten nur nicht hochverschul-
det sein. Essen und trinken müssen die Menschen immer.
Warten tut doch nicht weh. Sie werden noch Ihre Chance bekommen, hochattraktive Werte zu Schleuderpreisen zu kaufen. Performen Sie gut am Arbeitsplatz und achten Sie darauf,
dass ihr Arbeitgeber eine kerngesunde Bilanz hat und eine
Wirtschaftskrise überstehen kann. Wenn nicht, schauen Sie
sich nach einem gesünderen Unternehmen um. Investieren
Sie in Ihr Gehirn. Viel Glück.

Vermögende, Unternehmer, Großerben und Privatiers

Diese Bevölkerungsgruppe macht nicht mehr als zehn Prozent der Bevölkerung aus. Sie wird in den kommenden Jahren, ohne den geringsten Zweifel, zum Objekt der staatlichen Begierde. Natürlich gibt es für alle Regeln mindestens eine Ausnahme. Wenn die Politik in Deutschland dem Megakapital genauso hörig wird wie in den USA, dann muss diese Regel nicht unbedingt gelten. Das bedeutet, dass sich die Politiker de facto in das Camp der Megareichen bewegen und sich nur noch für die Interessen der oberen Zehntausend einsetzen. Nach unten regnet es dann nur noch Propaganda und leere Sprüche. Hedgefondsmanager werden für die katastrophale Wirtschaftslage verantwortlich gemacht, Kriege werden entfacht, Suppenküchen werden überall auftauchen, die Bevölkerung wird systematisch verblödet und die Reichen machen auf Great Gatsby. Zu diesen Festen kommt selbstverständlich auch die politische Elite, um sich bei den wahren Machthabern einzuschleimen. Die gute Nachricht für die oberen zehn Prozent ist, dass diese Klasse die Möglichkeit hat, sich gut vorzubereiten. Bei dem oberen einen Prozent sind die Möglichkeiten noch besser. Und bei den oberen 10 000 können Sie davon ausgehen, dass bei vielen die Vorbereitung auf Hochtouren läuft und sich im Abschlussstadium befindet. Heute führte ich ein Gespräch mit einem ehemaligen Direktor eines großen Finanzunternehmens. Die Meinung von Herrn C. schätze ich besonders, da er sein Vermögen in allen wesentlichen Krisen der vergangenen 30 Jahre bestens vor Wertverlusten geschützt hat. Herr C. gehört nicht zum Geldadel, aber zu den Vermögenden. Er ist auch kein Workaholic, nicht geschieden und hat eine gute Beziehung zu seiner Frau und seinen sieben Kindern. Nachdem er einen Entwurf dieses Buches las, lud er mich auf sein neues Domizil zur Brotzeit ein. Dieser Stadtmensch hatte sich am Rand eines deutschen Mittelgebirges einen respektablen Bauernhof für relativ wenig Geld gekauft, um seine Großfamilie dort in Krisenzeiten unterbringen zu können. Sein Cousin hat bei ihm seine Waffensammlung gelagert. Der Teich ist randvoll mit Forellen und dient im Sommer als Naturbad. Der Brunnen hat, laut einer Wasseranalyse, bessere Trinkwasserqualität als *Vittel*. Die Nebengebäude eignen sich bestens zur Tierhaltung. Herr C. hat, seit er diesen Bauernhof erworben hat, mindestens zehn Kilo abgespeckt. Am Nachmittag malt er gelegentlich Landschaftsbilder. Er strahlte und lachte, was ich von diesem seriösen Ex-Banker überhaupt nicht gewöhnt war. Es belastete ihn ein wenig, dass seine Enkel ihn für etwas verrückt hielten. Eigentlich wollte Herr C. nur von mir hören, dass dem nicht so sei. Ich konnte ihn beruhigen. Ich hatte selbst, vor dem Crash von 2007, in Frankreich eine historische Mühle mit erheblichen landwirtschaftlichen Flächen für meine damalige Frau und unsere Kinder erworben. Das bedeutet natürlich nicht, dass Herr C. und ich nicht irgendwann trotzdem in eine Nervenheilanstalt eingeliefert werden, aber eine kleine Information hat mich tief beeindruckt. Herr C. hat 100 Hektar hochproduktives Agrarland für 100 Jahre zu einem Spottpreis gepachtet. Seine Pachtkosten sind minimal und seine Erträge haben erhebliches Steigerungspotenzial, falls es zu einer starken Inflation kommen sollte. Gewissermaßen hat sich Herr C., soweit dies bei uns möglich ist, weitestgehend vom Staat unabhängig gemacht. Er ist für eine Deflation vorbereitet, für Hyperinflation und selbst für eine gravierende Geldentwertung. Und das hat er mit relativ übersichtlichen Mitteln erreicht. Herr C. war schon immer ein Querdenker. Er ist zwar kein Baissier, aber nach den Crashs von 1987, 2000 und 2008/2009 hat Herr C. regelmäßig grundsolide Dividendenwerte zu Tiefstkursen erworben. Was Herr C. gerade macht, erachte ich als intelligent und weitsichtig. Ob wir verrückt oder intelligent sind, wird sich in den nächsten zehn Jahren zeigen. Eines ist jedoch sicher. Egal, was passiert, Herr C. erntet mit diesem Investment bereits hohe körperliche, emotionale und seelische Renditen. Vermögende sollten sich zumindest an einige Grundregeln halten. Auslandskonten sind schwerer zu konfiszieren als inländische. Hier besteht Zugang zu echten Kapitalmarkt- und Steuerprofis und nicht nur dem bestenfalls mittelmäßigen Finanzdienstleister von nebenan. Man kann diese Menschen schließlich für ihre exzellenten Kenntnisse bezahlen. Tun Sie das. Das Wort »Relocation« (Wohnortwechsel) wird zunehmend auf verschiedenen Partys fallen. Achten Sie auf die Wegzugsteuer. Die ist relativ leicht zu umgehen. Auch für Baissespekulationen sind große, gut gestreute Vermögen durchaus geeignet. Marktneutrale Fonds halte ich in diesem Umfeld für hochinteressant. Wichtige Vermögenswerte können in Niedrigsteuerländer transferiert werden, während die Verbindlichkeiten im Inland steigen. Vererben Sie vorzeitig, bevor die Erbschaftssteuer steigt. Politiker kann der Geldadel kaufen, aber nicht der Vermögende. TTIP-Handelsabkommen können durchgesetzt werden, auch wenn das breite Publikum keine Ahnung hat, was da passiert. Das Kapital ist mobil und verzieht sich gerne, wenn es riskant wird. Es gibt keinen Grund, warum der Geldadel auf das kommende Debakel nicht bestens vorbereitet sein sollte. Die Superreichen sind aber nicht für die Krise verantwortlich, eher die schwachen, oft schlecht ausgebildeten und realitätsfremden Politiker und ihre Notenbankster. Ohne diese Pseudo-Elite könnten die wahren Macher nicht so erfolgreich sein. Eins sollten wir trotzdem nicht vergessen: Unternehmer schaffen Arbeitsplätze. Politiker leben von Steuereinnahmen. Wenn ein Politiker in die freie Wirtschaft geht, ist er meistens überfordert. Hier wird weniger geredet und mehr gemacht. Das ist er oder sie nicht gewohnt. Ich habe fast drei Jahrzehnte die oberen 0,01 Prozent der Vermögenden betreut. Ich gehörte selbst dazu. Das sind auch Menschen. Wenn sich ein Normalbürger den Kopf darüber zerbricht, welchen Kleinwagen er kaufen soll, stresst sich der Megareiche, welchen Jet er erwerben soll. Es sind immer dieselben Probleme, nur in anderen Dimensionen. Der Unterschied zwischen 100 000 000 und 100 000 sind drei Nullen. In Amerika wird ein megareiches A_____ch exzentrisch genannt. Bei uns ist er immer noch ein A_____ch. Ich hoffe das bleibt so. Die Amerikaner sagen von sich, »ich bin so und so viel Dollar wert«, als wäre das eine charakterliche Auszeichnung. Bei uns reden die Vermögenden eher ungern über ihr Geld. Aber wir müssen etwas aufpassen. Denn bei uns ist zwar die Einkommensverteilung weitaus gesünder als bei den Amerikanern, aber die Vermögensaufteilung nimmt zunehmend amerikanische Dimensionen an. Das halte ich für ungesund. Trotzdem wäre es verkehrt, diese Menschen zu verurteilen. Sie, die kleinen und mittleren Unternehmer sind unsere wichtigsten Arbeitgeber. Ohne sie geht es leider nicht. Der Mythos der erfolgreichen Staatsunternehmen, der gerne von der Linken propagiert wird, ist aus statistischer, historischer und empirischer Sicht eine Fata Morgana. Das bedeutet aber nicht, dass wir wie bei den Amerikanern alles privatisieren sollten; schon gar nicht die Versorger, die Schulen und die Gefängnisse. In Amerika wird ein gutes Drittel der Gefängnisse von privaten, profitorientierten Unternehmen geführt. Diese Unternehmen verdienen nur dann richtig viel Geld, wenn die Gefängnisse voll belegt sind und der Markt ordentlich wächst. Dazu werden hunderte Millionen an Politiker gespendet, damit die Haftstrafen ständig in die Höhe gehen. Mit einem Anteil von fünf Prozent der Weltbevölkerung beherbergen die Amerikaner mittlerweile ein Viertel aller Gefängnisinsassen weltweit. Jeder dritte Amerikaner über 25 ist vorbestraft. Sind die Amerikaner inhärent krimineller als wir Europäer oder liegt es an 4 600 Tatvorgängen, die als strafrechtlich eingestuft werden? Mittlerweile gibt Kalifornien mehr für seine Gefängnisse aus als für die höhere Ausbildung seiner Bürger. Das war vor der Privatisierung der Gefängnisse nicht der Fall. 50 Millionen Amerikaner leben von Lebensmittelmarken. Über 70 Prozent sind schwer übergewichtig oder fettleibig. Auch das bringt enorme Gewinne für die Gesundheitsindustrie und die Pharmabranche. Eine Militärpräsenz in 160 Ländern und unzählige angestachelte Konflikte erfreuen die Waffenindustrie, gelegentlich auch die Rohstoffmagnaten. Und wenn Sie meinen, dass dies in anderen Branchen in Amerika nicht so wäre, dann täuschen Sie sich gewaltig. Brauchen wir so etwas? Brauchen wir den amerikanischen Traum bei uns? Ich könnte jetzt eine praxisnahe Abhandlung schreiben, wie große Vermögen von der Krise profitieren könnten. Erstens gäbe es für dieses Buch eine viel zu geringe Leserschaft und zweitens habe ich das bereits ein Vierteljahrhundert erfolgreich gemacht. Ich berate heute ausschließlich eindeutig ethisch orientierte Unternehmen. Das reduziert mein Kundenpotenzial um circa achtzig Prozent. Zudem spendet mein Arbeitgeber jedes Jahr den steuerlich erlaubten Maximalbetrag für gemeinnützige Zwecke. Also, Vermögende, helfen Sie denen, die Hilfe benötigen, vor allem in Ihrem direkten Umfeld. Und schützen Sie sich gleichzeitig vor Übergriffen. Denken und arbeiten Sie mit Ihrem Herz und mit Ihrem Portemonnaie. Bonne Chance. Aber es gibt Zeichen dafür, dass einige Megareiche verstanden haben, dass diese korrumpierte Verbindung zwischen Staat und Industrie/Finanz für die Mehrzahl der Bürger schlechte Auswirkungen hat. Circa 140 Milliardäre weltweit stiften mittlerweile das Gros ihrer Vermögen gemeinnützigen Zwecken. Diese Menschen denken ähnlich wie ich und haben verstanden, dass Geben tatsächlich glücklicher macht als Nehmen. Diese Individuen wissen genau, in welche Richtung optimierte Raffgier führt. In die falsche und zur Bananenrepublik. Aber sie geben dieses Geld nicht dem Staat, sondern hochprofessionellen Stiftungen, die dieses Geld wesentlich geradliniger, effizienter und effektiver einsetzen als unsere größtenteils befangenen und elitären Politiker. Bonne Chance.

Unorthodoxe, alternative und verrückte Ideen

Erlauben Sie mir jetzt bitte, etwas auszuflippen, denn diese todernste Thematik lastet schwer auf meinem Gemüt. Ja, ich werde die Linke wählen, weil die anderen Parteien einfach nicht checken wollen, welchen Unfug sie gemacht haben, und nicht zugeben können, wie die Lage wirklich ist. Sie spielen auf Zeit. Die richtigen Maßnahmen können und werden sie nicht ergreifen. Ich wähle die Linke, weil sie nicht nur vor diesem Bullshit (Bankenrettung, Währungsunion ohne Steuerunion) gewarnt hat, sondern weil sie auch gelegentlich ganz reale Vorschläge zur Problemlösung unterbreitet. Die Linke ist die einzige wahre Opposition in Deutschland. Wenn die mehr Stimmen haben, sehe ich das als positiv. Ich muss mich jetzt mit einigen Bauern in meiner Region anfreunden. Wenn es zur Hyperinflation kommt, hätte ich gerne ein paar Kühe, Schweine, Ziegen und Hühner bei denen abgestellt. Nur für den Fall, dass Nahrungsmittel unbezahlbar werden oder es zu Versorgungsengpässen kommen sollte. Diese Fernsehshow »Bauer sucht Bäuerin« finde ich klasse. Vielleicht sollte ich mir eine tüchtige Bäuerin suchen und mithelfen. Schließlich bin ich ein aufgeschlossener Single und liebe die Natur. Ich brauche dringend eine Freundin, einen weltlichen Sonnenschein, mit der ich das Erlebte und Wahrgenommene teilen kann. Ich muss aufpassen, dass ich nicht anfange, Selbstgespräche zu führen oder mit meinem Hund über die Absurdität der Welt debattiere. Ein Brunnen mit Trinkwasserqualität wäre spitze, aber ich habe Glück. Das Leitungswasser hier ist verträglich. Einige Solarpaneele ergeben zusätzlich Sinn. Der Solarstrom ist mittlerweile in einigen sonnenverwöhnten Regionen billiger als der vom Staat. Eigentlich möchte ich mich vom Staat so unabhängig wie möglich machen. Sonst erpressen die mich über Gebühren, Steuern und Nebenkosten. Einiges würde auch in meinem Garten wachsen. Dafür bin ich dankbar. Voraussichtlich brauche ich keinen Schrebergarten, sondern nur die Genehmigung meines Vermieters, um etwas zu pflanzen. Lagerflächen für lange haltbare Nahrungsmittel und das notwendigste habe ich im Keller. Gott sei Dank. Seit einigen Monaten beobachte ich aufmerksam, wie einige Bekannte sich in Italien und Spanien Landhäuser kaufen. Die Preise sind selten höher als 20 000 Euro. Noch im Jahr 2000 waren diese Objekte in der Regel vier- bis zehnmal teurer. Alle Grundstücke haben Brunnen mit Trinkwasser. Die Gegenden sind ländlich und es gibt fast keine Kriminalität. Es regnet ausreichend. Die Böden sind fruchtbar und ergiebig. Obst und Gemüse gibt es im Überfluss und zu Preisen, die locker zwei

Drittel billiger sind als in Deutschland. Die Grundstücke sind immer ausreichend groß, um eine Familie mit dem Nötigsten zu ernähren. Die Zufahrtsstraßen sind gut. Eine ausreichende Infrastruktur ist in der Nähe. Sehr genau werden die Sonnenstunden pro Jahr kalkuliert, damit man mit Solarzellen den gesamten Elektrizitätsbedarf abdecken kann. Bevorzugt werden Klärgruben, damit man an den Abwasserkosten sparen kann. Ganz wichtig ist, dass die Winter relativ mild sind. So wird an Heizungskosten gespart. Manchmal legen auch zwei oder drei Haushalte ihre Mittel zusammen, um sich diesen kleinen Luxus leisten zu können. Einer meiner besten Freunde erwirbt zurzeit so ein Refugium. Die Mietrendite liegt locker über zehn Prozent, bei einer Eigennutzung von circa achtzig Prozent. Über Airbnb wird dieses kleine Anwesen in einem wunderbaren Regionalpark leicht vermietbar sein. Viel relevanter ist die Tatsache, dass hier eine Familie für weniger als vierhundert Euro im Monat über die Runden kommt! Übrigens, der Blick ist Weltklasse. Fast alle meiner ehemaligen Großkunden verfügen über luxuriöse Landgüter, die meistens auch landwirtschaftliche Erträge abwerfen. Dies ist die Alternative für den kleinen Mann, der hochattraktive und nützliche Sachwerte bereits heute, weit unter dem Wiederbeschaffungswert, erwerben kann. Auch ich habe mich schnell der neuen Realität angepasst. Meine kleine Superyacht, das Speed Boat, Schlösser, Palazzos, Landgüter und die Flieger vermisse ich nicht sonderlich. Dafür gehe ich gerne mit meinem Hund spazieren, mache ein Lagerfeuer und brate Würstchen. Das ist wesentlich günstiger und macht auch Spaß. Noch besser ist es, wenn einige gute Bekannte dazu kommen, Salat und gute Stimmung mitbringen.

Vielleicht ziehen ja demnächst einige Freunde ein, die nicht mehr so richtig über die Runden kommen, oder Migranten, denen es noch dreckiger geht. Das Geld wird knapp. Man muss flexibel und anpassungsfähig sein. Teilen, zusammenziehen, sich helfen, Tauschgeschäfte machen; eben die Dinge, die viele Südländer bereits machen, um zu überleben. Die

Rosinenjahre sind vorbei. Und wer glaubt, dass das, was in Griechenland abläuft, nicht zu uns kommt, wäre leichtgläubig. Ich spiele zurzeit viel Computerschach. Früher habe ich mir Filme in meinem Privatkino angeschaut. Beten tue ich sowieso circa zwei Stunden am Tag. Ich habe gelesen, dass Traumageschädigte durch Dankbarkeit, den Glauben, den Umgang mit freundlichen Menschen, positives Handeln und Denken besser klarkommen. Das scheint zu funktionieren. Ich war nach dem Knast ziemlich beschädigt und bescheuert. Auf Selbstmitleid und Resignation habe ich keinen Bock. Das zieht mich nur weiter runter. Letztlich werden wir durch diese Krise unser Wertesystem überdenken und neu aufrichten können. Das ging den Amerikanern nach der großen Depression nicht anders. Ich hoffe nur, dass wir keinen Hitler oder Stalin bekommen. Der Crash ist wirklich die einzige Lösung, um uns von dem blöden Konsumverhalten und der Schuldenspritze zu verabschieden. Wie soll auch eine alternde Bevölkerung immer mehr konsumieren und verbrauchen? Das ergibt keinen Sinn. Eine massive Entwertung und Währungsreform führt zu fast unvorstellbarem Leid. Wenn die Währungen nichts mehr wert sind, können zumindest die Jüngeren etwas durchatmen. Denn sie müssen nicht mehr unsere Altlasten buckeln. Ein Lichtblick. Als fundamentaler Optimist sehe ich das Glas immer halbvoll. Langfristig sterben wir, aber ich habe dieses Hoffnungsfünkchen, dass eines Tages die Verantwortlichen wieder ehrlicher werden, sich am Wohl der breiten Masse orientieren, und dass zukünftige Generationen überlegter und smarter mit den Ressourcen umgehen, die zur Verfügung stehen, als wir. Hoffentlich.

Das abschließende Gespräch mit meinem alten Freund, dem Baissier

Mein alter Buddy ist ziemlich sauer. »Hättest du das Buch nicht schon längst schreiben können, du Pfeife? Machst dir monatelang hochtrabende ethische Gedanken über das Warum und den tieferen Sinn, sich mit dieser Schmuddelwelt analytisch auseinanderzusetzen. Und verpennst dabei das Timing, du Flasche. Hier kracht es schon. Das wusstest du schon seit einem Jahr.« Ich komme gar nicht dazu, diese Frage zu beantworten, weil mich mein alter Bekannter David anruft und ins Telefon brüllt: »Geiles Gespräch. Die FED (PRB) kann in diesem Umfeld die Leitzinsen auf keinen Fall erhöhen. Vielleicht müssen sie sogar die vierte Gelddruckmaßnahme initiieren, um eine Rezession in den USA zu verhindern. Ich lach mich schief. Das Spiel mit den Anleihen geht weiter. Was meinst du, Florian? Wie lange läuft das noch? Ein, zwei Jahre und was dann? Was machen wir dann? Alles anfixen so wie Öl?« Ich muss David unterbrechen und sage ihm, er soll mich bitte später nochmal anrufen. Den entrüsteten Baissier, der eigentlich gar nicht mein Freund ist, muss ich jetzt auch noch abfertigen. »Hör mal zu, du seelenlose Kreatur, hier geht es nicht um deinen verdammten kurzfristigen Gewinn, sondern um ganze Nationen und Seelen in Not. Du denkst immer nur an dein unersättliches Ego und labst dich an deiner intellektuellen Potenz. Es dreht sich immer alles nur um dich, um ‚you, yourself and yours‘, deine kranke Adrenalinsucht und deinen perversen Ehrgeiz, in allem immer der Beste zu sein. Bist du glücklich? Sind wir nicht beide zu alt und weise, als dass wir nicht gelernt haben, um was sich alles dreht? Um Geben, Liebe, Freundschaft, Helfen und im meinem Fall Glauben. Deine Masche ist genauso überholt wie die Lügen und Manipulationen der Politiker, des Geldadels und der Bankster. Wach auf! Und was dieses Buch betrifft: Es geht nicht nur um einen Mini-Crash oder eine temporäre Bodenbildung an den Börsen. Es geht um fundamentale, existenzielle Fragen, ob wir überhaupt so weitermachen können wie bisher. Es geht darum, dass Menschen sich auf die Krise vorbereiten können und dabei vielleicht sogar entdecken, was sie wirklich glücklich macht, was der Unterschied zwischen dem ist, was wir brauchen, und dem, was wir wollen! Dieser Prozess wird Jahre dauern. Es ist doch vollkommen egal, ob dieses Buch einige

Monate früher oder später herauskommt. Verstehst du mich oder willst du es einfach nicht?« Meine Tirade ist erst einmal abgeschlossen. Der Baissier schaut mich entgeistert an und steht ganz langsam auf. Dabei blickt er mir tief in die Augen, und bevor er aus meinem Wohnzimmer schreitet, und die Tür ein für alle Mal hinter sich schließt, sagt er zu mir: »Weißt du was, du Loser. Scher dich zum Teufel! Ich habe es immer nur gut mit dir gemeint«, und verschwindet von der Bildfläche. Mann, bin ich froh, dass ich diesen Typen los bin. Fast drei Jahrzehnte war er mein engster Weggefährte und letztlich ein ganz schlechter Berater. Ich fühle mich erleichtert. Bei Menschen wie David besteht noch Hoffnung. Der hilft zumindest Hunden in Not. Prinzipiell versteht er bestens, was abläuft, aber er leidet gesundheitlich sehr unter den Abnutzungserscheinungen, die dieser Job mit sich bringt. Warum sollte man freiwillig jahrzehntelang so eine stressige Tätigkeit ausüben? Ich muss extrem darauf achten, auf dem richtigen, wesentlich mühsameren Weg zu bleiben. Aber ich weiß zumindest, dass ich auf dem richtigen Weg bin. Ich bin wesentlich glücklicher als in der Zeit, in der ich zu den gefürchtetsten Baissiers und Raidern Europas zählte und mir die Welt zu Füßen lag. Ich habe heute noch nicht gebetet. Es ist höchste Zeit. Aber ich muss noch etwas warten. Gerade hat mich David angerufen. Der Dow Jones-Aktienindex liegt 1.100 Punkte im Minus, der Dax 600 Punkte. Wird das bereits der Megacrash, den ich am Anfang des Buches in Aussicht gestellt habe, oder gibt es eine neue Flut von Interventionen, um die Märkte zu stabilisieren? Es ist zwar schade, dass einige Leser ihre Positionen nicht schon vorher abgestoßen haben. Doch wirklich tragisch ist das nicht. In meiner dreißigjährigen Karriere als Finanzier habe ich sehr viele Individuen reich gemacht. Das hat denen auch nicht geholfen, nur ein Quäntchen glücklicher zu werden. Viel wichtiger ist es, Positionen abzustoßen, die keinen inhaltlichen Sinn ergeben, und Werte wiederzuentdecken, die Ihnen Frieden, Erfüllung und Glück bringen.

Fünf Monate später – Januar/Februar 2016

Es hat sich viel getan in den vergangenen fünf Monaten. Der Aktienindex der 30 größten deutschen börsennotierten Gesellschaften (DAX30) ist von 11,8000 auf 9,400 um zwanzig Prozent eingebrochen und hat sich seit seinem Tiefstand um 15 Prozent erholt. Viele Investoren sahen die Börsenkorrektur vom Herbst 2015 als Kaufgelegenheit. Wir freuen uns über diese Kurserholung. Es hätte uns massiv deprimiert, dieses Buch zu schreiben, während wesentliche Aktienindizes sich zerbröseln und die Wirtschaft von einer Rezession in eine schwere Depression übergeht. Wer würde das Buch dann noch kaufen? Noch besteht der Glaube vieler Investoren an die Notenbankster und ihre angebliche Allmacht. »Die werden die Wirtschaft schon wieder auf Touren bringen« reden sich die Zocker im Casino mutig ein. Im November sprach ich noch mit einem intelligenten institutionellen Investor beim jährlichen Investmentkongress der Wirtschaftswoche in Frankfurt. Dieses Individuum war der Meinung, dass die europäischen und amerikanischen Notenbanker aggressiv Aktien aufkaufen würden, falls wir erneut in eine massive, platzende Spekulationsblase, wie im Jahr 2008, schlittern sollten. Diese Gedankengänge sind nicht ganz abwegig. Schließlich haben die Chinesen ihre heimische Börse mit einer US Dollar Billionenintervention im Spätsommer 2015 vor dem Kollaps »gerettet«.

Das Konzept, dass eine Regierung Anleihe- und Aktienmärkte retten sollte, ist absurd. Typischerweise sind in diesen Märkten nur die Wohlhabenden und Reichen aktiv, bestenfalls zehn Prozent der Gesamtbevölkerung. Hier werden Verluste der Oberschicht und des Establishments subventioniert – natürlich auf Kosten der breiten Masse. Milliardengewinne entstehen für Kapitalstarke, die zu Nullkosten Kredite bekommen und mit Staatsgarantien risikolos investieren können. Die Masse wird abgezockt und ver..scht. Gelegentlich bekommt auch Otto Normalverbraucher ein kleines Zubrot.

Zum Beispiel die Abwrackprämie, damit er Ruhe hält. Aber im Verhältnis zu den Präsenten an den Geldadel, sind diese kleinen Gaben lächerlich. Mein Kollege, der aus Portugal kommt, unterschätzt zudem die Größenordnungen der handelbaren Anleihen und der Aktien weltweit. Wir sprechen locker von einem Volumen von 200 Billionen US Dollar. Das ist zehnmal mehr als die jährliche Wirtschaftsleistung Amerikas und 50-mal mehr als die bereits pervers aufgeblähte Bilanz der Private Reserve Bank (FED), der amerikanischen Notenbank. Ergo, selbst der hirnrissigen Manipulation der Notenbankster für den Geldadel sind physische Grenzen gesetzt.

Viel interessierter und akribischer beobachte ich Risikofaktoren, die die manipulierte Weltwirtschaft und Börsenlandschaft zum Einbruch bringen könnten und die von Investoren entweder ignoriert oder belächelt werden. Diese Faktoren haben seit September enorm an Bedeutung gewonnen:

Der Wirtschaft geht es bereits hundsmiserabel. Viele Frühindikatoren deuten auf eine schwere Rezession, Deflation oder Depression hin. Die Unternehmensgewinne in den USA knicken bereits merklich ein. Zwei Drittel der Börsenumsätze sind nicht nachhaltig und entstehen durch Übernahmen und Aktienrückkäufe. Der Bloomberg Commodity Index die wichtigsten Rohstoffe weltweit steht auf einem 20-Jahrestief. Auch der Baltic Dry Index, der die Containerfracht Preise ermittelt, steht auf einem Tiefstand der vergangenen achtundzwanzig Jahre. Beide Faktoren gelten als exzellente wirtschaftliche Frühindikatoren. Der Welthandel knickt derzeit massiv ein. Der Markt für Junk Bonds – niederwertige Anleihen – ist bereits eingebrochen. Die aktuellen Renditen dieser Schrottpapiere sind in weniger als einem halben Jahr von acht auf siebzehn Prozent gestiegen. Dieser Trend ist fast immer ein verlässlicher Vorbote massiver Pleitewellen in der Wirtschaft. Kursverluste von vierzig Prozent in diesem Segment sind mittlerweile Standard. Es gibt kaum noch Käufer dieser Wertpapiere. Das Volumen des globalen Junk Bond Markts (CLO) beträgt nicht weniger als drei Billionen Dollar. Er ist ähnlich groß wie der marode Markt für Immobilienzertifikate (CDOs) vor dem letzten Börsencrash, der 2008 zur schwersten Finanz- und Wirtschaftskrise seit 1929 geführt hat.

Die massive US-Dollar-Stärke wirkt sich negativ auf die Bonität der meisten Entwicklungsländer aus. In diesen Ländern gibt es Verbindlichkeiten von circa 7 Billionen USD. Wie wollen diese Länder diese Kredite bedienen, wenn sich ihre nationale Währung gegen den Dollar halbiert hat? Noch schlimmer trifft es die Länder, die Rohstoffe exportieren, wie zum Beispiel Saudi Arabien, Brasilien, Chile oder Südafrika. Hier sind die Preise ihrer Rohstoffexporte seit einem Jahr um circa fünfzig Prozent gefallen. Hier baut sich bereits eine weitere massive Pleitewelle auf, die dreimal größer ist als der Markt für Junk Bonds. Wenn sich der Ölpreis sich nicht erholt, steht Saudi-Arabien vor dem Staatsbankrott. Die Türkei und viele ihrer größten Unternehmen flirten bereits mit der Zahlungsunfähigkeit. Große chinesische Staatsunternehmen nehmen Kredite auf, um Zinsen für ihre Anleihen bedienen zu können.

Überkapazitäten, die in den vergangenen Jahrzehnten aufgebaut wurden, sind mittlerweile hochgradig unrentabel und müssen abgebaut werden. Dies wird nicht nur in den Entwicklungsländern, sondern auch bei uns zu massiven Entlassungswellen führen. Wir können uns dieser globalen wirtschaftlichen Kernschmelze nicht entziehen. Immer weniger Menschen werden sich unsere Exportprodukte leisten können. Die Weltwirtschaft, die seit 20 Jahren durch massive Gelddruckmaßnahmen enorme Kreditexpansionen überproportional aufbläht, befindet sich bereits in einer sehr schmerzvollen, wirtschaftlichen Kernschmelze. Nur die Börsianer haben das noch nicht richtig verstanden und vertrauen immer noch auf die wundersame Geldvermehrung der Notenbankster. Das war auch 2008 nicht anders. Nur sind diesmal die Märkte aber nicht durch noch mehr Gelddrucken oder fiskalische Maßnahmen zu retten. Das Pulver ist bereits verschossen. Das System muss sich endlich auskotzen und sich dann von Grund auf wieder rekonstruieren. Das bedeutet ein Desaster, vor allem für die Mittelklasse, welche verarmt und die jetzigen Armen, die am meisten von allen leiden werden. Dieses Debakel wird mindestens ein halbes Jahrzehnt anhalten, wohl eher länger. Griechische Zustände sind dann, selbst bei uns in Deutschland, unvermeidbar.

Wenn Sie diese wirtschaftlichen Argumente nur schwer nachvollziehen können, ist es vielleicht einfacher zu sagen, dass wir seit circa zwei Jahrzehnten weit über unseren Verhältnissen und größtenteils auf Pump leben. Die Verschuldung ist in diesem Zeitraum ungefähr dreimal so schnell gewachsen wie die Weltwirtschaft. Das geht nicht ewig gut. Irgendwann einmal müssen die Schulden abgebaut oder bezahlt werden. Dann bricht der Lebensstandard, an den wir uns gewöhnt haben, ein. Und wohlmöglich auch das Papiergeld:

Endspiel!

Das Endspiel hat bereits angefangen, auch wenn es viele Zweckoptimisten nicht wahr haben wollen. Die Gefahren, die Ihr Vermögen und sogar Ihr gesamtes Umfeld bedrohen, gewinnen ständig an Bedeutung. Auch die Anzahl dieser Bedrohungen nimmt zu. Unsere Modelle sagen mit siebzig prozentiger Wahrscheinlichkeit voraus, dass eine globale Wirtschafts- und Wertpapierkrise spätestens 2017 eintreffen wird. Diese Wahrscheinlichkeit lag im September 2015 »nur« bei fünfzig Prozent. Selbst wenn die wirtschaftliche Kernschmelze nicht kommen sollte, sind die Aussichten für die Weltwirtschaft und die Wertpapiermärkte bestenfalls bescheiden. Bei solch verheerenden Chance-/Risiko-Verhältnissen rät es sich dringend, Risikofaktoren und unnütze Kosten massiv abzubauen, Reserven aufzubauen und sich auf das Wesentliche zu besinnen.

David, mein Zögling wird dieses Jahr mindestens 100 Millionen Dollar verdienen. Für seinen Kunden hat er mehr als eine Milliarde Dollar auf dessen Wertpapierdepot von 7 Milliarden Dollar erwirtschaftet. Aufgrund dieser exzellenten Leistung in einem sehr schwierigen Umfeld ist eine zehnprozentige Gewinnbeteiligung durchaus nachvollziehbar. Chapeau! Eigentlich müssten jetzt die Champagnerkorken knallen, aber dem ist nicht so.

Trotz seines immensen Einkommens ist David genauso unglücklich wie ich vor meinem abrupten Ausscheiden aus der Finanzwelt im Jahr 2007. David hat Löcher in seinen Lungen, eins links und eins rechts. Das kommt vom vielen Kiffen und drei Packungen Zigaretten am Tag. Auch wenn er seinen Job nicht als besonders stressig empfindet, nagt diese Arbeit an seiner Seele. Man steht fast ständig unter Hochspannung. Man muss sich gegen Konkurrenten behaupten, die nicht nur über sehr hohe Intelligenzquotienten verfügen, sondern auch noch extrem fleißig und sehr ehrgeizig sind. Es sollte niemanden überraschen, dass die Scheidungsquoten in diesen Hardcore-Finanzjobs bei über 70 Prozent liegen. David weiß das und geht gar nicht erst tiefere Beziehungen ein. Er muss sich ganz der Aufgabe widmen. Da bleibt zwar noch Zeit für das gelegentliche Escort Model, aber sich richtig verlieben, lange Wochenenden mit einer Auserwählten in Paris zu verbringen, das Handy einfach wegzulegen und die Geliebte stundenlang zu streicheln und zu liebkosen, das ist für David absolut undenkbar. Das ist irgendwie sehr schade. Ich weiß, von was ich rede. Zehn Jahre ohne richtigen Urlaub sprechen Bände. David ist selbstverständlich 24 Stunden am Tag erreichbar und das gleiche gilt für seine Chefhändler. Die Märkte schlafen nicht, das Geld arbeitet immer und ist ständig in Bewegung. Da muss man einfach präsent sein, wenn man zu den besten Tradern auf diesem Planeten zählen will. Bei dieser Jagd nach den attraktivsten Renditen geht viel Glück verloren, welches unseren Seelen nachhaltig Freude bereiten würde.

David hat weder Kinder noch Frau, noch Freundin, dafür aber sieben Hunde. Genauso wie ich im Jahr 2008. Sein letzter MRI-Test ergab, dass er wohlmöglich einen Tumor in seiner linken Lunge hat. Demnächst wissen wir, ob er Lungenkrebs hat. Vor zehn Jahren wurde mir ein erheblicher Teil meiner linken Lunge bei einem Mordversuch weggeballert. Er fragt mich, warum er so einsam und unglücklich ist. Auch mir lag einmal die Welt zu Füßen, aber trotzdem war ich deprimiert. Ich suchte ein halbes Jahrzehnt verzweifelt nach Antworten. Mir ging es ähnlich wie David. Auch ich fragte mich »Was soll dieser Zirkus. Was mache ich überhaupt hier?«. Wird David sterben, noch bevor er 50 Jahre alt ist? Das hatten mir Neurologen jahrelang wegen meiner chronischen progressiven Multiplen Sklerose auch vorausgesagt. Es ist aber alles ganz anders gekommen als prognostiziert.

Dass ich diese Worte schreibe, ist ein kleines Wunder. Die Wahrscheinlichkeit liegt bei eins zu 350 Millionen. Diese existenzielle Krise hat uns näher gebracht. Obwohl David und ich uns seit mehr als zwei Jahrzehnten in dieser Mentor – Zögling Beziehung kennen, wissen wir sehr wenig voneinander. Erst vor kurzem erfuhr ich, dass David ein begabter Free-Climber ist und bereits die Eiger Nordwand gemeistert hat. Dass wir erst jetzt über diese Dinge reden, ist eigentlich armselig. Auch ich war einmal ein adrenalinsüchtiger Spitzensportler. Jetzt muss ich helfen, anstatt zu nehmen, nicht nur David, sondern so vielen Menschen wie möglich. Dazu gehört auch, dass ich als ehemaliger Kapitalmarkt Insider ehrlich und unverblümt über wirtschaftliche Missstände berichte.

Ich glaube nicht an Zufälle. Für mich sind Zufälle Elemente von Ereignisketten, die wir noch nicht verstanden haben. Ich weiß mittlerweile, dass mein Leben einen höheren Sinn hat und ich bete, dass David noch einige Zeit bei uns bleibt und auch seine Aufgabe in diesem Dasein finden wird. Ich hoffe sehr, dass er diese immense Gaben, die Gott ihm geschenkt hat, für Seelen und Individuen in Not einsetzt. Ich vertraue darauf, dass er diese schöne, wegweisende innere Stimme, die uns auf unerklärliche Weise zusammengeführt hat, klar und deutlich hört. Und ihr folgt.

Möge Gottes Wille geschehen.

Januar 2016

Mit herzlichen Grüßen
Ihr Florian Homm

TEIL 3 – DIE GESCHICHTE IN BILDERN

Einführung

Ich wollte auf jeden Fall vermeiden, dass der Leser durch zwar aussagekräftige, aber zum Teil recht komplexe Grafiken vom Wesentlichen abgelenkt wird. Es ist wichtiger, den Inhalt zu verstehen, als zu versuchen, einen Harvard-Ökonomen zu mimen. Sie müssen den Wald erkennen und nicht die Bäume zählen. Das Buch ist auch für Leser geschrieben, die wenig von der Börse und der Wirtschaft verstehen. Andererseits halte ich wenig von schwergewichtigen Aussagen, die bestenfalls oberflächlich untermauert sind. Teil 3 ist für diejenigen geschrieben, die bereits ein Basisverständnis von der Materie haben, und diejenigen, die ihren Wissensstand vertiefen wollen. Ich rate Ihnen auf jeden Fall zur Weiterbildung. Falls Sie Fragen haben, die sich nicht leicht über Recherchen beantworten lassen, können Sie mich über meinen Blog *Hommonomics* erreichen. Ich kann Ihnen nicht garantieren, dass ich Ihre Fragen beantworten werde, aber einen Versuch ist es auf jeden Fall wert. Wenn Sie keine Lust auf Grafiken und Kommentare haben, bitte ich Sie inständig, zumindest das Schlusswort zu lesen.

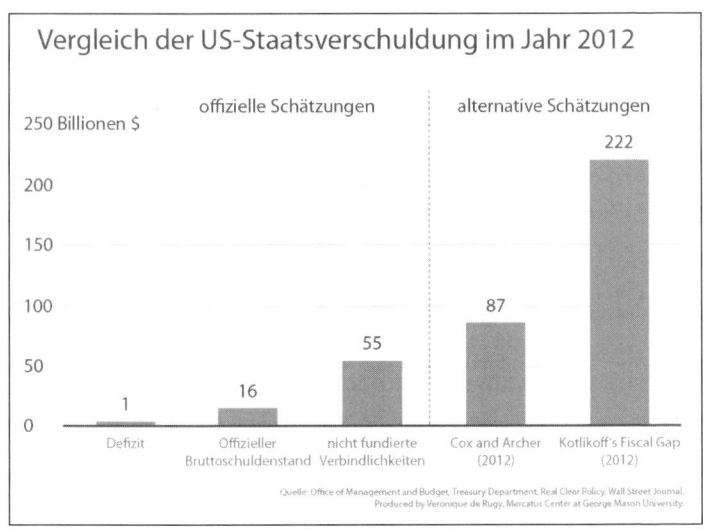

Quelle: http://mercatus.org/sites/default/files/debtinperspective2.jpg (Letzter Zugriff: 03. September 2015)

Diese Tabelle zeigt die *offizielle* Verschuldung der US-Regierung sowie verschiedenen Schätzungen zufolge den wahren Verschuldungsgrad. *Unfunded Liabilities* lässt sich mit »ungedeckte Verbindlichkeiten« übersetzen. Diese sind seit 2012 um einiges gewachsen und sollten mittlerweile über 60 Billionen Dollar liegen. *Die Zweite Meinung* (mein Arbeitgeber), hat eine Gesamtverschuldung der amerikanischen Staatsverbindlichkeiten mit 100 Billionen Dollar für das Ende des Jahres 2015 ermittelt. Wir liegen damit auf dem Niveau von Cox und Archer, aber weit niedriger als der ehemalige Berater von Ronald Reagan, Professor Laurence Kotlikoff. Aktuell liegen die offiziellen und ausgewiesenen Verbindlichkeiten der US-Regierung bei 18 Billionen Dollar.

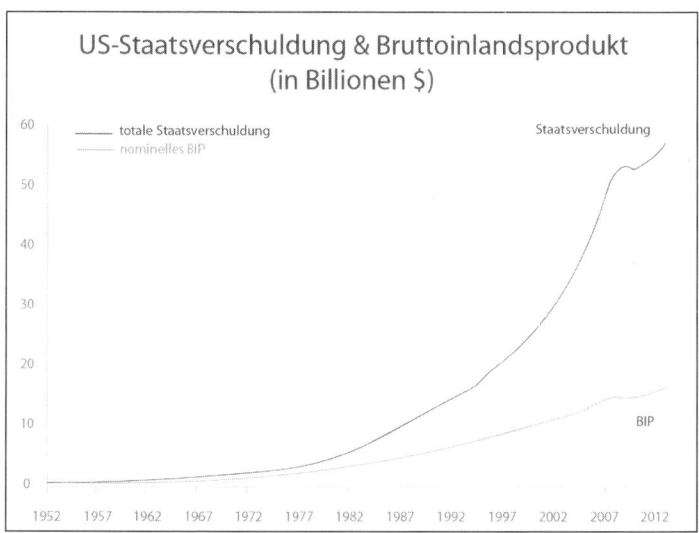

US-Staatsverschuldung & Bruttoinlandsprodukt (in Billionen $)

Quelle: http://www.forbes.com/sites/jessecolombo/2014/07/01/
these-23-charts-prove-that-stocks-are-heading-for-adevastating-
crash/4/ (Letzter Zugriff: 03. September 2015)

Diese Grafik gefällt mir besonders gut. Hier sieht man das Verhältnis zwischen amerikanischen Staatsschulden und der Wirtschaftsleistung des Landes (Bruttoinlandsprodukt). Wie Sie erkennen, waren die Staatsschulden zwischen 1952 und 1971 im Einklang. 1971 jedoch hob der damalige Präsident der USA, Richard Nixon, die Goldbindung des Dollars auf. Das bedeutet, der US-Dollar wurde seitdem nicht mehr durch Gold gedeckt. Die Konsequenz waren massiv erhöhte Staatsschulden, die sich vom wirtschaftlichen Wachstum abgekoppelt haben.

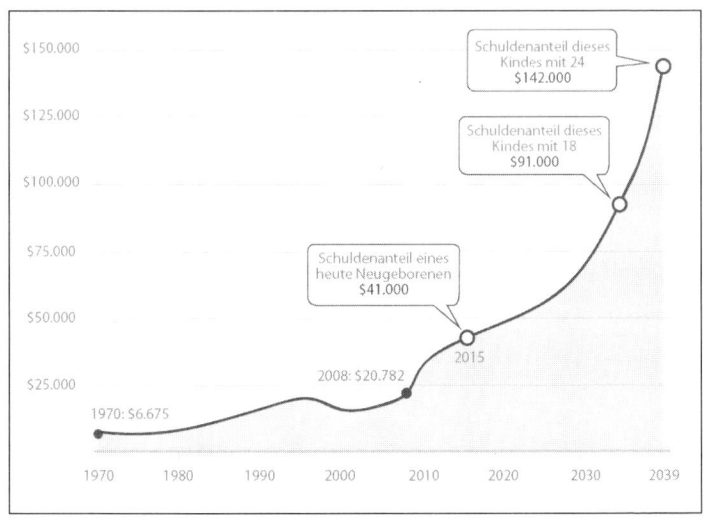

Quelle: http://www.heritage.org/federalbudget/national-debt-burden
(Letzter Zugriff: 03. September 2015)

Diese Grafik ist ein Realitätscheck. Zur Zeit des Goldstandards (ein Währungssystem, in dem Gold als Gegenwert zum Papiergeld dient) im Jahr 1970 war die US-Staatsverschuldung noch minimal. Ein neugeborenes Kind übernahm zu diesem Zeitpunkt eine Schuldenlast von 6 675 US-Dollar. Im Jahr 2015 liegt diese Zahl bereits bei 41 000 US-Dollar. Diese Grafik beruht aber auf den offiziellen Statistiken, die die ungedeckten Verbindlichkeiten und Zahlungsverpflichtungen nicht beinhaltet. Die Zahlen sind selbst ohne die ausgelassenen Verbindlichkeiten schockierend. Schließlich müssen die Kinder, die heute geboren werden, mit ihren zukünftigen Steuern diese Schulden bedienen. Wenn man korrekt rechnen würde, übernimmt ein Kind, das im Herbst 2015 geboren wird, nicht 41 000 US-Dollar als Schulden, sondern circa 200 000 US-Dollar. Dies erklärt, warum die jüngeren Generationen durch diese Schuldenlast erdrückt werden. Diese Schulden können weder bedient noch zurückgezahlt werden. Der einzige Ausweg aus dieser prekären

Situation ist eine massive Geldentwertung oder alternativ eine Währungsreform.

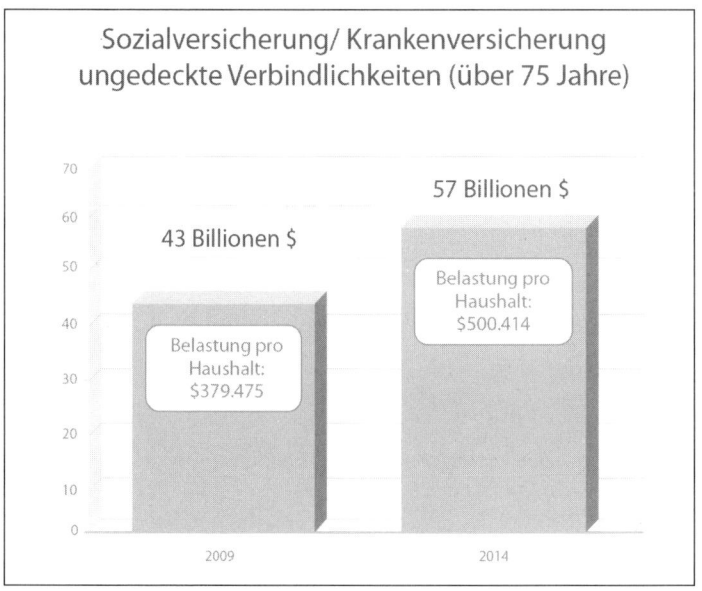

Quelle: https://raymondpronk.files.wordpress.com/2010/04/social_
security_medicare_unfunded_liability.jpg
(Letzter Zugriff: 03. September 2015)

Diese Grafik zeigt die ungedeckten Verbindlichkeiten der staatlichen Sozialversicherung und der staatlichen Krankenkasse der USA. Idealerweise werden diese Zahlen auch per Haushalt aufgezeigt. Muss ich hier noch einen zusätzlichen Kommentar abgeben? Die amerikanische Regierung hat ungedeckte Verbindlichkeiten aufgebaut, die knapp 500 000 Dollar für jeden amerikanischen Haushalt betragen. Wo soll denn das Geld herkommen, um diese Verbindlichkeiten zu bedienen? Vom Steuerzahler? Sie träumen. Wenn jeder Amerikaner sein gesamtes Nettogehalt der amerikanischen Regierung überschreiben würde, wäre das nicht genug, um das wahre Haushaltsdefizit auszugleichen. Ich hoffe, Sie verstehen, wie aussichtslos die Lage ist.

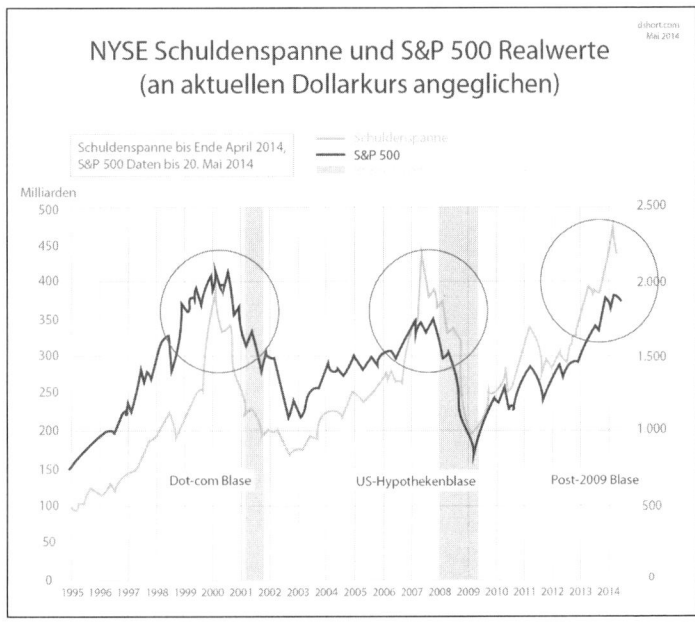

Quelle: http://www.forbes.com/sites/jessecolombo/2014/07/01/ these-23-charts-prove-that-stocks-are-heading-for-adevastating-crash/ (Letzter Zugriff: 03. September 2015)

Das ist eine Zocker-Grafik. Viele US-Börsianer hebeln ihre Investments mit Krediten. Das bedeutet, dass Aktien auf Pump erworben werden. Interessant ist für mich, dass dieser Hebel auf einem historischen Höchststand steht. Auch bei anderen großen Aktienblasen war dies der Fall, wie bei der Dotcom-Blase im Jahr 2000 und der Hypotheken- und Immobilienblase in den Jahren 2008 und 2009.

Quelle: http://www.advisorperspectives.com/dshort/charts/
valuation/Buffett-Indicator.html?Buffett-Indicator.gif
(Letzter Zugriff: 03. September 2015)

Warren Buffett war lange Zeit der reichste Mann der Welt.
Er gilt für viele als der genialste Investor der Neuzeit. Für
Buffett sind die Märkte überbewertet, wenn der Gesamtwert
der Aktien deutlich über dem der Wirtschaftsleistung (Bruttoinlandsprodukt) steht. Seit Jahren ist dieser Indikator ein ver-
lässliches Hilfsmittel, um Überbewertungen an den Aktien-
märkten frühzeitig zu erkennen.

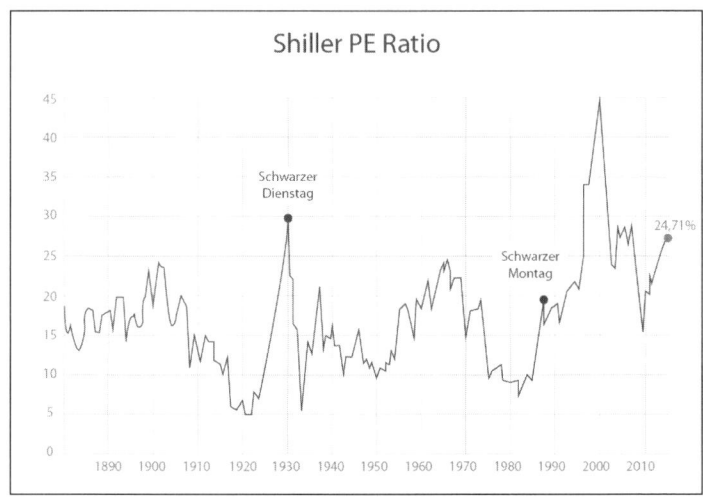

Quelle: http://www.multpl.com/shiller-pe/
(Letzter Zugriff: 03. September 2015)

Professor Shiller hat für seine Analysen immerhin den Nobelpreis in Ökonomie erhalten. Bisher hat sein Indikator die wesentlichen Crashs seit circa 130 Jahren rechtzeitig erkannt. Unternehmen werden oft mit einem Multiplikator der Nettogewinne bewertet. Das nennt sich das Kurs-Gewinn-Verhältnis. Schiller hat diese Bewertung über einen Zeitraum von zehn Jahren adjustiert und normalisiert.

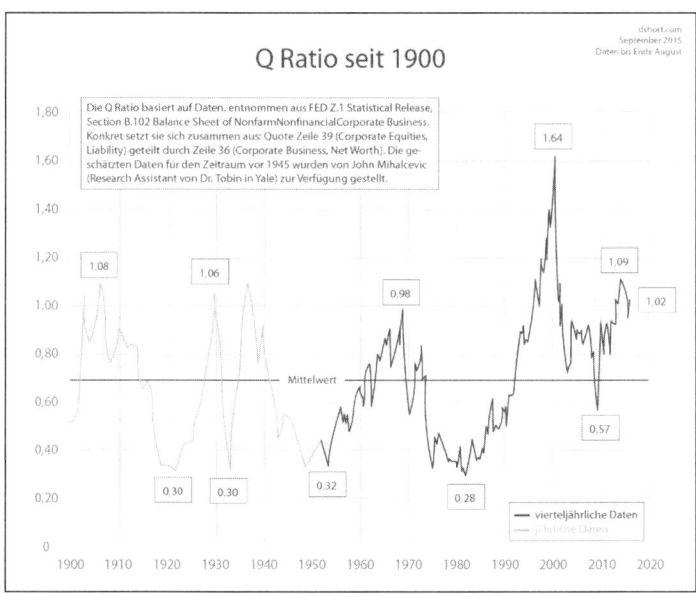

Quelle: http://www.advisorperspectives.com/dshort/charts/index.
html?valuation/Q-Ratio.gif (Letzter Zugriff: 03. September 2015)

Die Q-Ratio vergleicht den Wiederbeschaffungswert mit dem
Marktwert von Aktiengesellschaften. Ähnlich wie der Warren
Buffett-Index hat dieser Indikator eine fantastische Erfolgsbilanz, um überbewertete Aktienmärkte frühzeitig zu erkennen.

Zinsrate für zehnjährige Staatsanleihen

Quelle: http://www.multpl.com/10-year-treasury-rate
(Letzter Zugriff: 03. September 2015)

Diese Grafik zeigt Ihnen die Rendite der zehnjährigen amerikanischen Staatsanleihen seit 1870. Sie sollten wissen, dass der amerikanische Staat zwischen 1870 und 1970, mit wenigen Ausnahmen wie zum Beispiel dem Zweiten Weltkrieg, entweder gar nicht oder nur geringfügig verschuldet war. Die aktuelle und wahre Verschuldung der US-Regierung ist in diesem Buch ausführlich dokumentiert worden. Das Paradoxe ist, dass der US-Zins auf dem niedrigsten Niveau der Geschichte ist, während die US-Staatsverschuldung niemals höher war. Sehr hoch verschuldete und zahlungsschwache Kreditnehmer bekommen in der freien Wirtschaft entweder überhaupt keinen Kredit oder müssen extrem hohe Zinsen zahlen. Dieser Widerspruch erklärt sich durch die größte Marktmanipulation und Geldvermehrung in der Geschichte der Menschheit. Manipulationen halten niemals ewig an.

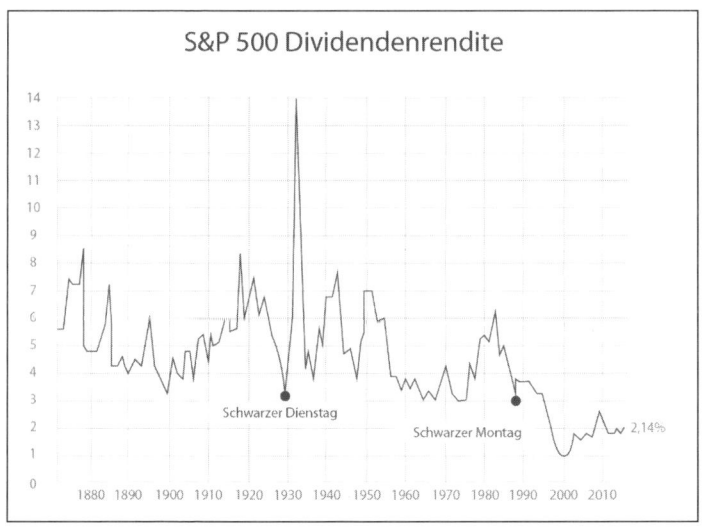

S&P 500 Dividendenrendite

Quelle: http://www.multpl.com/s-p-500-dividend-yield/
(Letzter Zugriff: 03. September 2015)

Die Dividendenrenditen der größten amerikanischen Unternehmen sind auf einem historischen Tiefstand. Das beinhaltet erhebliche Risiken. Aktien sollte man kaufen, wenn sie günstig sind und hohe Dividendenrenditen haben. Bei diesen niedrigen Werten sollte man vorsichtig sein.

Gold ist keine gute Geldanlage, wenn die realen
Zinssätze die Inflationsrate übersteigen

Quelle: http://www.marketoracle.co.uk/images/2012/Apr/GoldIsNot-
aGoodInvestmentWhenRealInterestRatesareHigherThanInflation_
0.png (Letzter Zugriff: 03. September 2015)

Was mich am meisten an den vielen Crash-Büchern stört,
ist, dass sie sehr oft dumme Anlageempfehlungen aussprechen. Selbst wenn die Empfehlungen Sinn ergeben, werden
sie im falschen Kontext empfohlen. Gold zum Beispiel profitiert nicht immer von Inflation. In der Zeitperiode zwischen
1983 bis ins Jahr 2000 gab es Inflation. Damals lagen aber die
Zinsen über der Inflation. Anleihen waren deswegen durchaus interessant. Da physisches Gold keine Rendite zahlt, war
es in diesem Klima relativ uninteressant und hat in dieser
Phase circa 80 Prozent an Wert verloren. Viele Crash-Bücher
malen Horrorszenarien. Mit einigen bin ich sogar einverstan-
den. Wenn es aber um konkrete, sauber recherchierte Invest-
mentideen geht, sind die Informationen viel zu spärlich, dazu
noch oberflächlich und schlecht interpretiert. In Krisen und in
hyperinflationären Phasen ist Gold meistens sehr sexy.

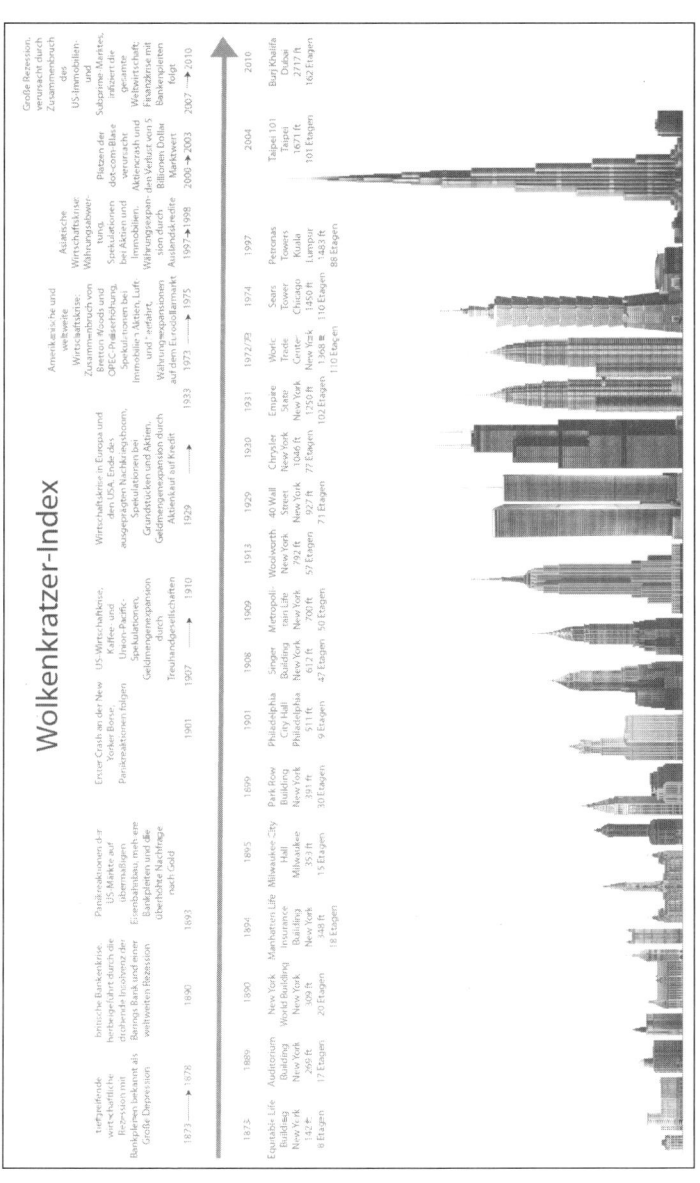

Quelle: http://static.nzz.ch/files/6/2/0/Skyscraper+Index+-+Bubble+-
building+100112+(2)_1.14300620.pdf
(Letzter Zugriff: 03. September 2015)

Der Wolkenkratzer-Index ist einer der merkwürdigsten Indizes, die ich kenne, allerdings sollte man ihn ernst nehmen. Er sagt einen massiven weltweiten Börsencrash für 2017 oder 2018 voraus. Die Börsen *crashen* in der Regel ein bis zwei Jahre, bevor die höchsten Gebäude fertig gebaut worden sind. Ein merkwürdiger, wenig wissenschaftlicher, aber verlässlicher Frühindikator für Börsencrashs.

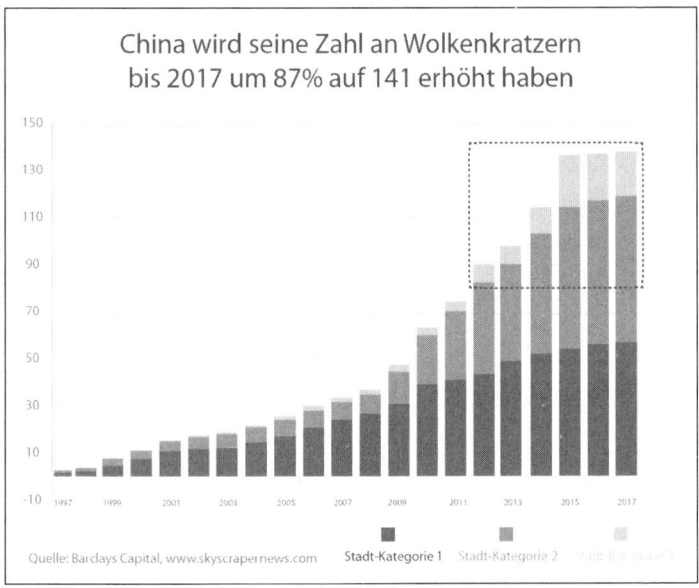

Quelle: http://static.nzz.ch/files/6/2/0/Skyscraper+Index+-+Bubble+-building+100112+(2)_1.14300620.pdf
(Letzter Zugriff: 03. September 2015)

In China lag der Wolkenkratzer-Index wieder einmal goldrichtig. Der Markt wurde um circa 40 Prozent korrigiert, genau in der Phase, in der die höchsten Wolkenkratzer in China gebaut werden sollten.

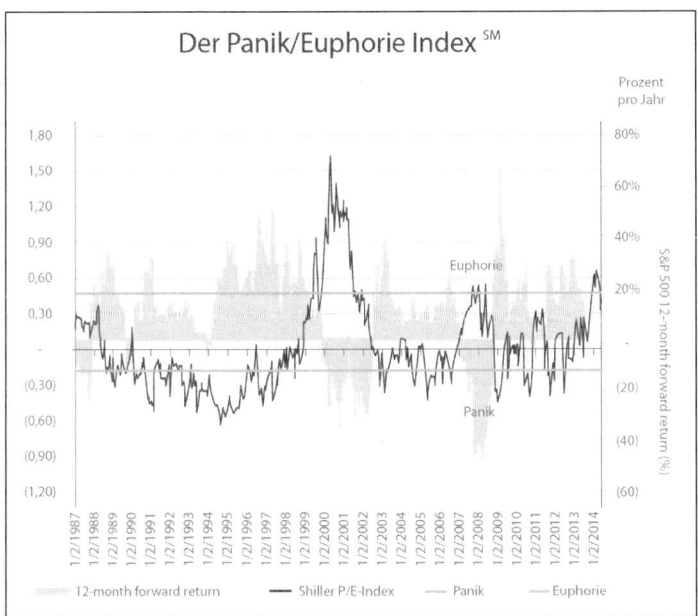

Quelle: http://www.forbes.com/sites/jessecolombo/2014/07/01/these-23-charts-prove-that-stocks-are-heading-for-a-devastatingcrash/3/ (Letzter Zugriff: 03. September 2015)

Dies ist der Citibank Panik-/Euphorie-Index. Er kalkuliert das Verhältnis zwischen Angst/Panik und Gier/Euphorie. Dieser Indikator hat auch eine gute Erfolgsbilanz. Ich habe aber andere Favoriten.

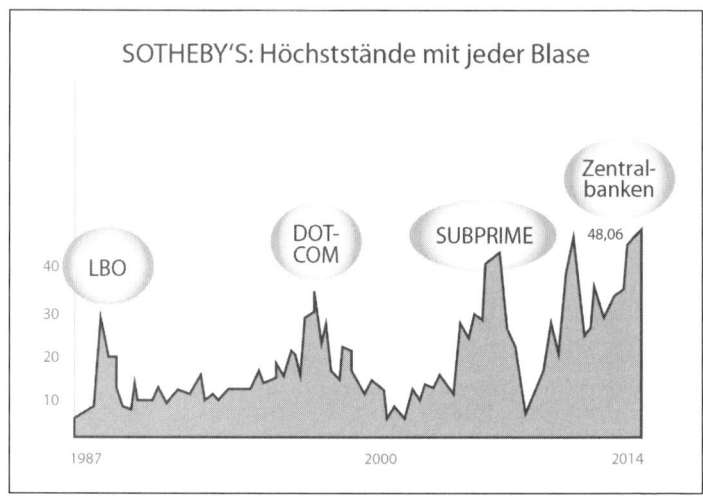

Quelle: http://www.forbes.com/sites/jessecolombo/2014/07/01/these-23-charts-prove-that-stocks-are-heading-for-a-devastatingcrash/3/ (Letzter Zugriff: 03. September 2015)

Sotheby's ist ein renommiertes Auktionshaus für Kunst, Wein, Schmuck, Autos und weitere Luxusspielzeuge. Wenn die Vermögenden, die Reichen und der Geldadel Bargeld im Überschuss haben, kaufen sie oft solche Luxusgüter bei Sotheby's. Die Gewinne und der Kurs der Aktie steigen. Dieser Kaufrausch hält in der Regel nicht besonders lange an. Irgendeine Krise folgt. Das verfügbare Geld schwindet und somit die Gewinne und der Kurs der Sotheby's Aktie. Wenn Sotheby's Aktien exzellent an der Börse performen, sollte man lieber sein Aktiendepot reduzieren.

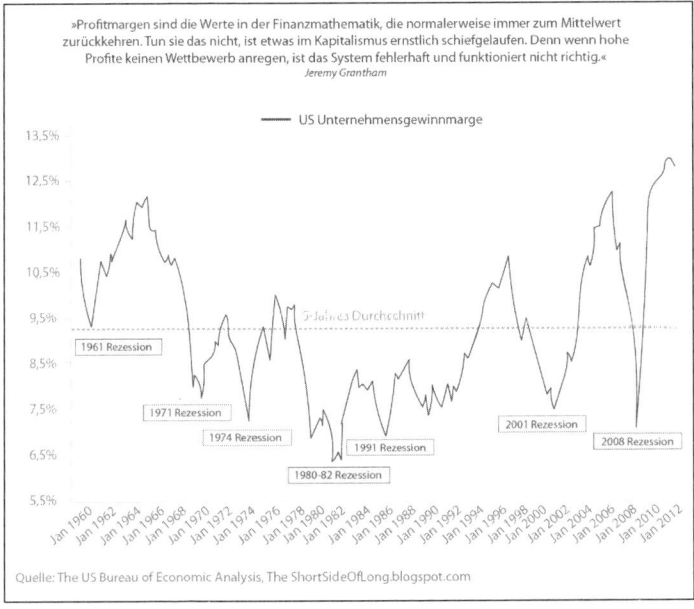

»Profitmargen sind die Werte in der Finanzmathematik, die normalerweise immer zum Mittelwert zurückkehren. Tun sie das nicht, ist etwas im Kapitalismus ernstlich schiefgelaufen. Denn wenn hohe Profite keinen Wettbewerb anregen, ist das System fehlerhaft und funktioniert nicht richtig.«
Jeremy Grantham

Quelle: The US Bureau of Economic Analysis, The ShortSideOfLong.blogspot.com

**Quelle: http://1.bp.blogspot.com/-X0PoMl9Qh4k/UAUgDFdNnMl/
AAAAAAAAIZ8/s-Y5W5OWp3s/s1600/Profit %2BMargins.png
(Letzter Zugriff: 03. September 2015)**

Diese Grafik lehrt einen das Fürchten. Nicht unbedingt als Einzelfaktor, sondern in Kombination mit anderen Faktoren wie der Eigenkapitalrendite und dem niedrigen Zinsniveau. Seit 55 Jahren waren die Gewinnmargen der großen US-Unternehmen niemals höher. Wenn man die Grafik etwas genauer betrachtet, halten diese Phasen mit Supergewinnmargen nicht besonders lange an. Das scheint dieses Mal nicht der Fall zu sein. Seit circa fünf Jahren verdienen sich die größten US-Firmen dumm und dämlich. Viele Arbeiter verdienen deutlich weniger als noch vor der Finanzkrise 2008. Man produziert primär in Ländern mit Dumpinglöhnen wie Bangladesch. Irgendwann jedoch geht den Konsumenten die Luft aus, vor allem, wenn ständig weniger verdient wird und die eigenen Lebenshaltungskosten weiter steigen. Immer mehr

Babyboomer verzichten auf Konsum. Ich weiß nicht, wann diese Gewinnmargen einbrechen, aber ich schätze spätestens im Jahr 2017 oder 2018.

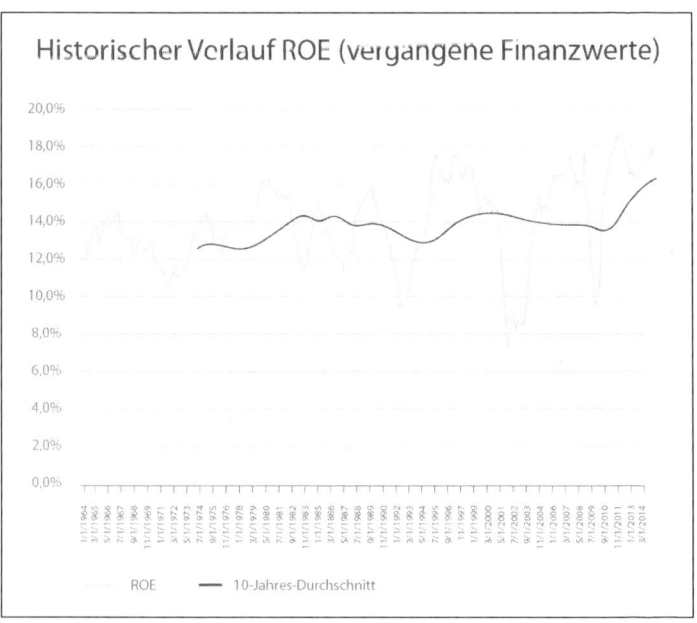

Quelle: http://investorfieldguide.com/wp-content/uploads/2015/06/market-roe-with-avg.png (Letzter Zugriff: 03. September 2015)

Genau wie die Gewinnmargen der größten börsennotierten amerikanischen Gesellschaften, so war auch die Rendite auf das eingesetzte Kapital niemals höher. Das ist natürlich eine Traumkonstellation für den Geldadel und ihre Vasallen. Ich habe fünf Jahre damit verbracht, solche Statistiken zu erstellen und zu bewerten. Innerlich musste ich beim Betrachten dieser Graphik lachen. Welcher rational denkende Mensch kann erwarten, dass dieses Kapital-Nirwana ewig anhält? Wer wäre so bekloppt, in Aktien zu investieren, die so bewertet sind, als wäre diese traumhafte Konstellation der Normalzustand?

Viele Menschen meinen, die Zinsen bleiben ewig so niedrig. Obliegen die Märkte nicht den einfachsten Naturgesetzen? Können Sie fliegen? Verkaufen Sie, solange Sie noch können. Kaufen Sie, denn irgendwann wird derselbe Ramsch wieder billiger sein.

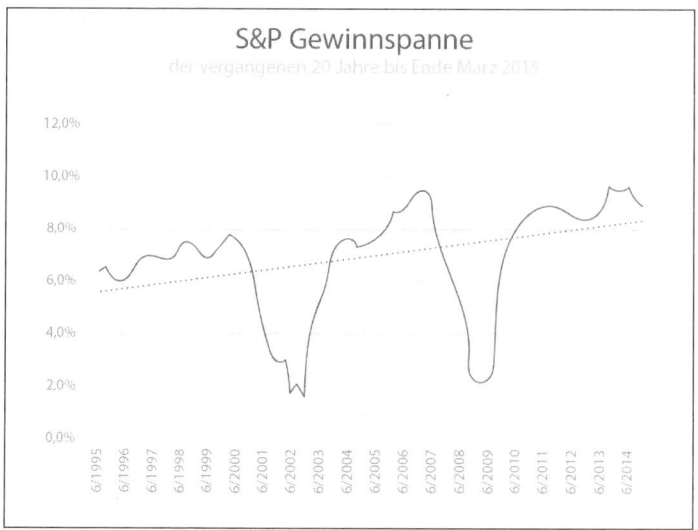

Quelle: http://acrinv.com/wp-content/uploads/2015/06/2015-06-04-DI-chart.png (Letzter Zugriff: 03. September 2015)

Diese Grafik bestätigt die vorherige, aber hier erkennt man eine kleine Abwärtsbewegung der Gewinnmargen. Das ist auch bei der Gewinnwachstumsdynamik bereits der Fall. Diese verlangsamt sich recht offensichtlich. Ist das bereits der Wendepunkt? Ich bin kein Hellseher, sondern ein erfahrener Analyst. Die Chancen, dass die Reise demnächst nach unten geht, sind viel höher, als dass die Unternehmen in alle Ewigkeit Rekordgewinne erwirtschaften.

Quelle: http://2us9vjrl2kf1np7bx397xl07.wpengine.netdna-cdn.
com/wp-content/uploads/2015/08/quantitative-easingqe-
1-2-3-stock-market-performance-chart.jpg
(Letzter Zugriff: 03. September 2015)

Das ist möglicherweise eine der wichtigsten Grafiken. Die Börsen boomen, wenn die Notenbankster fieberhaft Geld drucken, und das an ihre Kumpanen, die Bankster und den Geldadel, weiterreichen. Beim kleinen Mann kommt diese Kohle nicht an. In dieser Graphik ist eine Korrelation zwischen dem Geld-drucken und den steigenden Märkten zu erkennen. Wenn der Geldhahn abgedreht wird, fallen die Kurse. Das hat man in der Börsenkorrektur vom August 2015 deutlich erkennen können. Auch in anderen Phasen, in denen der Gelddruckhahn zeit-weise abgestellt wurde, sind die Kurse nahezu sofort gefallen. No money, no fun.

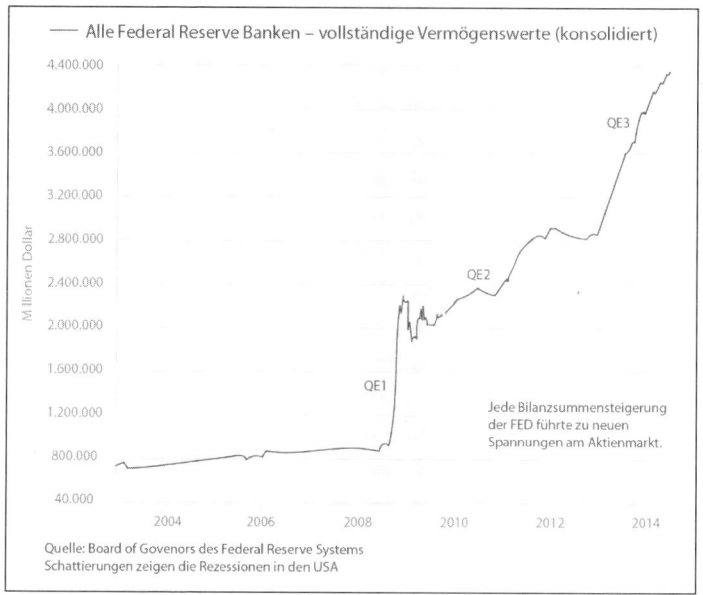

Quelle: Board of Govenors des Federal Reserve Systems
Schattierungen zeigen die Rezessionen in den USA

Quelle: http://www.forbes.com/sites/jessecolombo/2014/07/01/the-se-23-charts-prove-that-stocks-are-heading-for-adevastating- crash/ (Letzter Zugriff: 03. September 2015)

Diese Graphik zeigt die Bilanz der Privaten Notenbank der Vereinigten Staaten, die fälschlicherweise als Staatliche Notenbank (Federal Reserve Bank) bezeichnet wird. Die Verbindlichkeiten sind innerhalb von zehn Jahren von 800 Milliarden auf 4,4 Billionen gestiegen, und dies bei einem mickrigen Eigenkapital von 50 Milliarden US-Dollar. Wer hat am meisten von dieser Geldmengenexplosion profitiert? Die Bankster und der Geldadel. Wer trägt die Kosten für dieses unverantwortliche Handeln? Sie, der Steuerzahler. Die Bilanz der hochspekulativen Deutschen Bank wirkt – im Gegensatz zu diesem aufgeblasenen Monster – stockkonservativ. Wählen Sie eine andere Partei, wenn Sie diese Praktiken verbieten wollen.

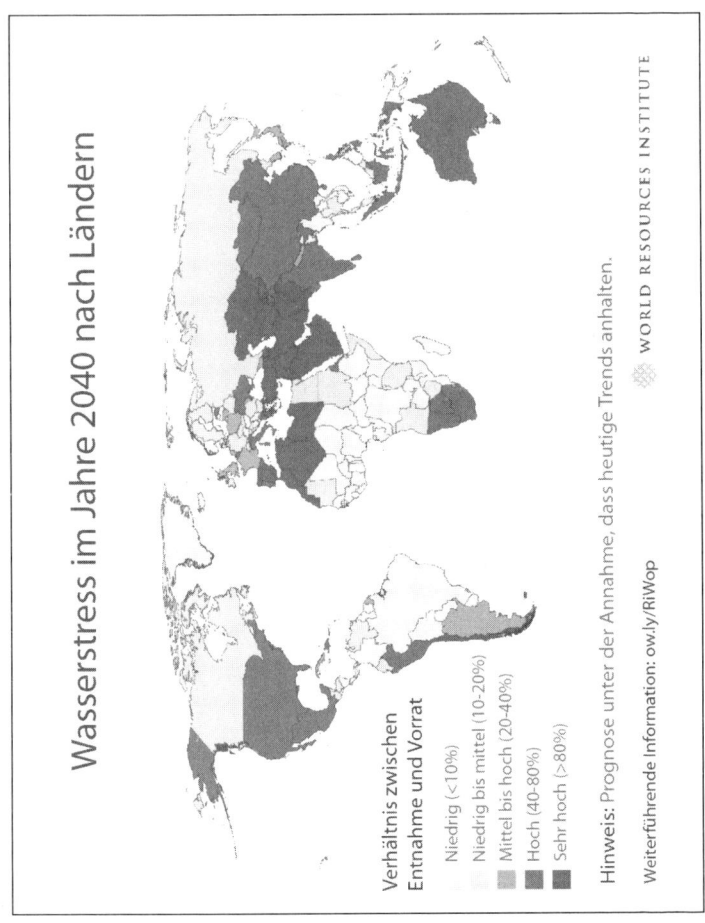

Quelle: http://www.wri.org/blog/2015/08/ranking-world's-most-water-stressed-countries-2040 (Letzter Zugriff: 03. September 2015)

Okay, ein Öko-Chart muss sein. Wasser ist knapp. Wasserversorger mit sehr guten Vorräten in Krisengebieten sollten weiterhin gut verdienen. Wasser ist schließlich lebensnotwendig und hat einen sehr hohen Nutzeffekt.

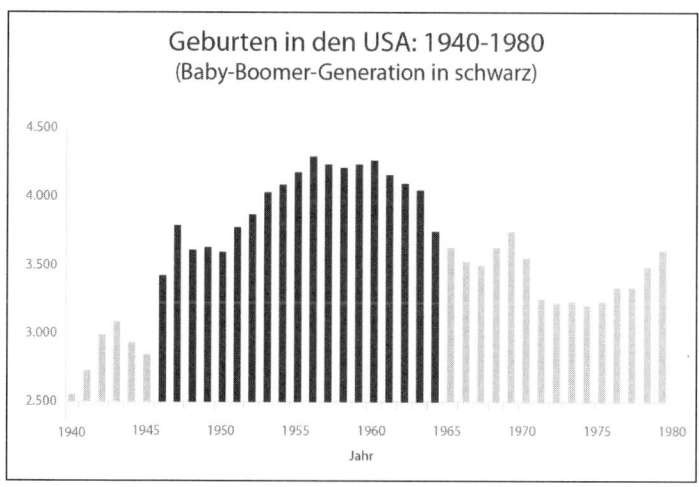

Quelle: http://www.brucesallan.com/wp-content/uploads/2015/07/ Baby-Boomer-Graph.png (Letzter Zugriff: 03. September 2015)

Nun kommen abschließende Grafiken zur Bevölkerungsentwicklung. Seit Menschengedenken gab es noch nie so eine Flutwelle von Neugeburten wie in Amerika zwischen 1946 und 1964. Auch ich bin ein Babyboomer. In Japan sieht die Grafik ähnlich aus, nur hatten sie ihre Babyboom-Phase zwischen 1940 und 1952. Die Babyboomer in Europa sind etwas jünger als die Amerikaner, aber der Unterschied ist nicht sonderlich bedeutend.

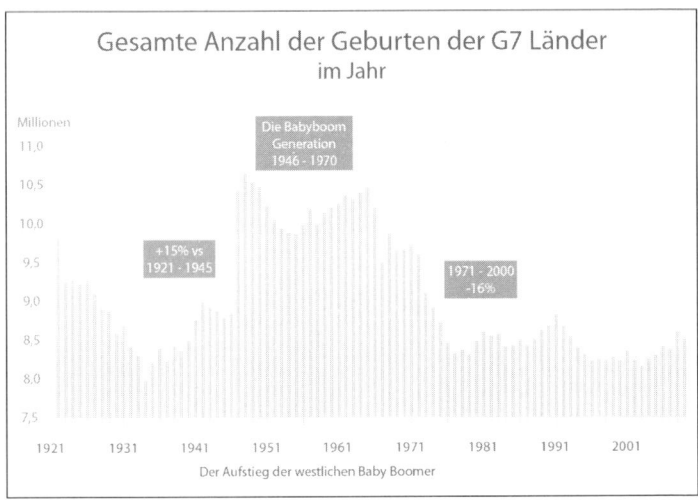

Quelle: http://www.new-normal.com/wp-content/uploads/2013/02/
Boom-Gloom-and-the-New-Normal.pdf
(Letzter Zugriff: 03. September 2015)

In dieser Grafik sieht man die Neugeburten in den G7-Ländern (USA, Japan, Deutschland, UK, Italien, Kanada, Frankreich). Achten Sie auf die Jahre von 1940 bis 1968. Diese Generation hat einen Nachfrageschub ausgelöst, der signifikant zum Wirtschaftswachstum beigetragen hat. Jetzt werden die Babyboomer aber immer älter und konsumieren immer weniger. Dazu kommen extrem hohe Kosten für das Gesundheitssystem. Auch die Lebenserwartung der Babyboomer ist viel höher als die ihrer Eltern. Anstatt zu konsumieren, müssen die Babyboomer für ihren Lebensabend sparen. Die Nachfrage knickt ein. Die Pensionskosten schießen durch die Decke. Wegen dieses demographisch bedingten Nachfrageschwunds erachte ich es als stupide, mit der Gelddruckmaschine künstlich Nachfrage zu erzeugen. Was sollen Senioren mit diesen ganzen unnützen Konsumprodukten? Sie brauchen keine neuen Autos, sondern medizinische Betreuung und eine gesicherte Altersvorsorge.

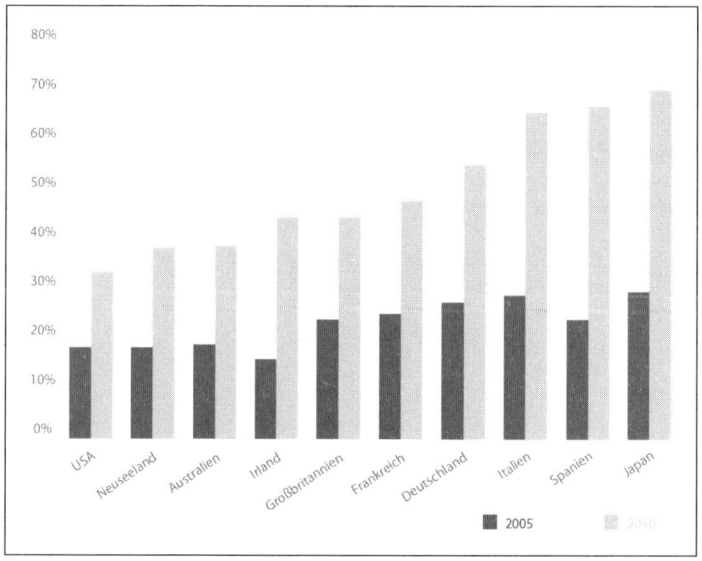

Quelle: http://www.economicshelp.org/uploaded_images/depen-
dency-ratio-world-734861.gif
(Letzter Zugriff: 03. September 2015)

Diese Grafik finde ich erschütternd. Im Jahr 2005 haben circa
fünf Arbeiter einen Rentner durch ihre Einzahlungen in die
Rentenkassen finanziert. Die Rentenkassen sind fast überall
leer oder arbeiten bereits mit Verlusten. In den nächsten Jahrzehnten müssen immer weniger Arbeiter immer mehr Rentner durchfüttern. In 35 Jahren müssen zwei Arbeiter einen
Rentner finanzieren, denn der Arbeiter muss ja noch Steuern
abführen, damit der Staat seine irrsinnig hohen Schulden bedienen kann. Hier wird es noch tragische Verschiebungen geben, die zur Last der Arbeiter und der Rentner gehen werden.

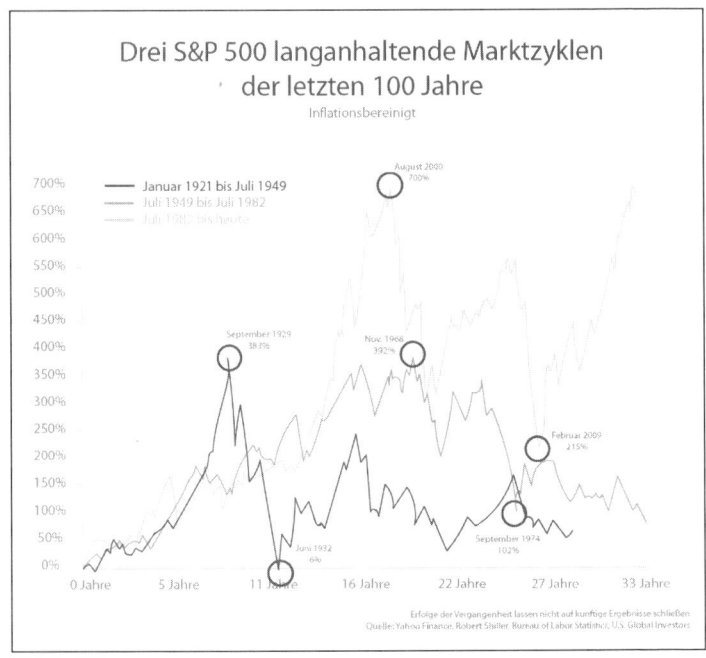

Quelle: http://www.usfunds.com/media/images/frank-talk-images/2015_ft/Jan-Jun/FT-Three-SP500-Secular-Market-Cycles-from-the-last-100-years-01072015-lg.gif

Wann wird diese bereits 33-jährige Börsenhausse enden? Angepasst an die Inflation, zeigt diese Grafik die Marktzyklen des S&P 500 seit 1921. Zwischen 1921 und 1949 kam es kurz nach dem Börsenhöchststand (September 1929) zur Great Depression, gefolgt von einer Deflationsspirale, Bankrotterklärungen vieler Unternehmen, massiver Arbeitslosigkeit, politische Krisen sowie soziale Unruhen. Im November 1968 überstieg der S&P den vorherigen Wert um 9%, sodass nach kurzzeitigem Einbruch der Wert während der ersten Ölkrise 1973 massiv fiel. Der jetzige S&P übersteigt beinahe das Niveau, das noch während der Dotcom-Blase herrschte. Da ca. zwei Drittel der Börsenumsätze durch nicht nachhaltige Transaktionen entstehen (Übernahmen und Aktienrückkäufe) birgt in Kombination mit massiven Gelddruckmaßnahmen (Quantitative Easing) das jetzige S&P Niveau großes Crash-Potenzial.

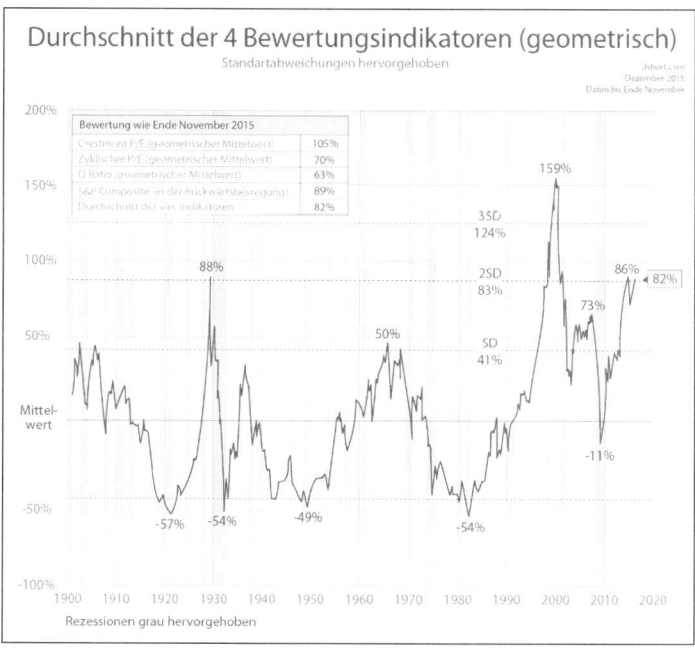

Quelle: http://www.advisorperspectives.com/dshort/charts/ valuation/valuation-overlay.html?valuation-indicators-average-geometric.gif

Diese Grafik kombiniert vier wichtige Indizes, von denen einige bereits ausführlich beschrieben wurden. Durch Geldüberschwemmung der PRB (FED) sind Aktien massiv überbewertet – nach diesen Berechnungen befinden sich die Preise 82% über dem Durchschnittswert und damit 1% von der zweiten Standardabweichung entfernt. Über- bzw. Unterbewertungen können mitunter Jahre anhalten, allerdings ist während einer Rezession damit zu rechnen, dass der S&P 500 enorm an Wert verlieren wird, was schließlich zu geringen oder negativen Renditen führt. Es ist fast unmöglich, ein Szenario zu definieren in dem in den nächsten Jahren attraktive Gewinne an den Börsen realisierbar sind, außer beim Leerverkauf oder bei Baisse-Spekulationen.

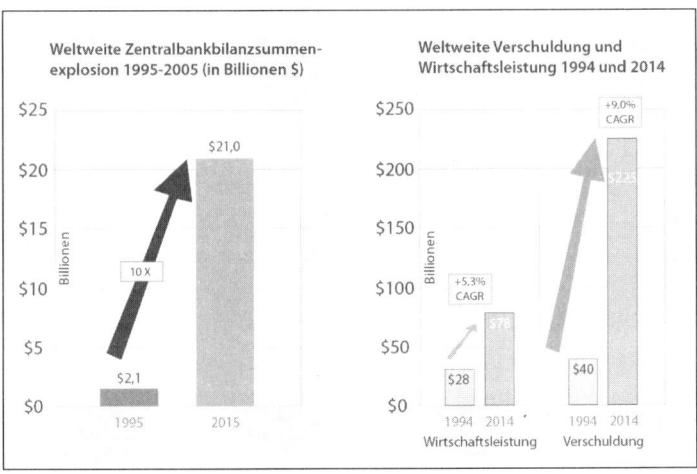

Quelle: http://davidstockmanscontracorner.com/wp-content/uploads/2015/09/Capture20.png und http://davidstockmanscontracorner.com/wp-content/uploads/2015/09/Capture14.png

Die beiden oben abgebildeten Diagramme illustrieren einen für Sie womöglich schockierenden Fakt: Weltweit sind die wirtschaftlich relevanten Zentralbanken dazu in der Lage, »aus dem Nichts« Geld zu schöpfen. Zwischen 1995 und 2015 haben sie somit die Gesamtgeldmenge von 2,1 auf 21 Billionen US-Dollar erhöht. Solch eine Zunahme der Geldmenge ist insbesondere für Ersparnisse tödlich, da durch eine derartig lockere Geldpolitik Ihr Geld entwertet wird. Dem gegenüber steht zwischen 1994 und 2014 ein Anstieg des weltweiten Bruttoinlandsprodukts von 28 auf 78 Billionen US Dollar, während im selben Zeitraum sich die Gesamtschulden mehr als verfünffacht haben.

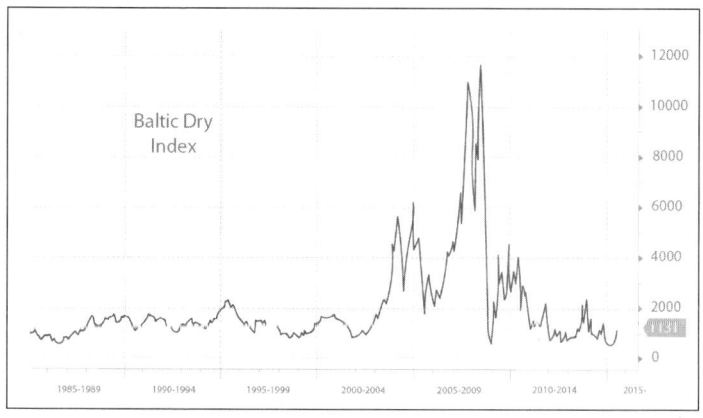

Quelle: https://socioecohistory.files.wordpress.com/2015/08/baltic_dry_index-july2015.png

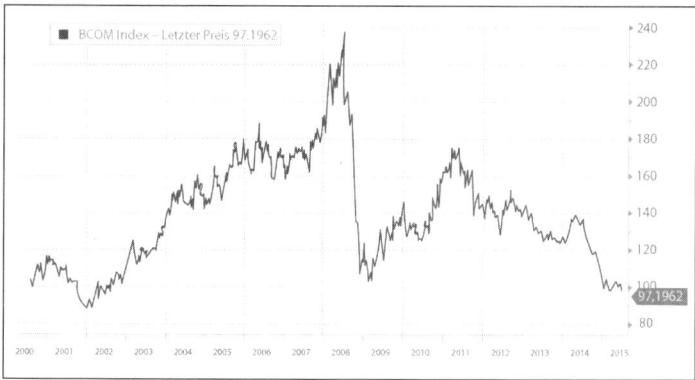

Quelle: http://www.fxwirepro.com/data/charts/201507084b80bb-0dbcom%20index.jpg.jpg

Zwei Frühindikatoren für eine Börsenbaisse und markante Wirtschaftsschwäche sind der Bloomberg Commodity Index (BCOM) und Baltic Dry Index (BDIY). Durch Überversorgung und Überkapazitäten, bei fallender Nachfrage, vor allem aus China, verlor der BCOM ca. 50% seines Wertes allein in den vergangenen fünf Jahren, während der BDIY sich auf einem

Rekordtief befindet. Der Welthandel bricht sichtlich ein, wird aber von den meisten Ökonomen und Börsianern kaum wahrgenommen. Durch mangelnde Gewinne haben 2015 bereits drei Trockenfracht-Spediteure (Dry bulk shipper) Insolvenz beantragt. Tendenz: Fallend.

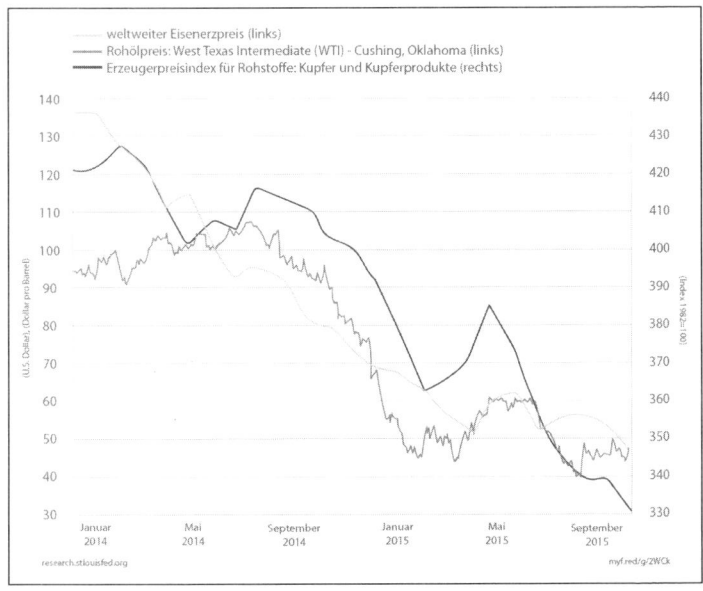

Quelle: https://research.stlouisfed.org/fred2/graph/fredgraph.jpg?hires=1&g=2WCk

Anknüpfend an die beiden vorherigen Indizes zeigt diese Grafik die Preise für Eisenerz, Rohöl sowie den Producer Price Index (PPI) für Kupfer und Kupferprodukte. Da China mehr als 40% des weltweiten Bedarfs an Kupfer ausmacht, ist nach schleichendem Wachstum der PPI innerhalb von zwei Jahren signifikant geschrumpft. Während für einige Produktionsfirmen sinkende Preise vorteilhaft sind, leiden gigantische Unternehmen wie ExxonMobil, Glencore, Gazprom, Rio Tinte Group und viele andere besonders unter diesem Preisverfall.

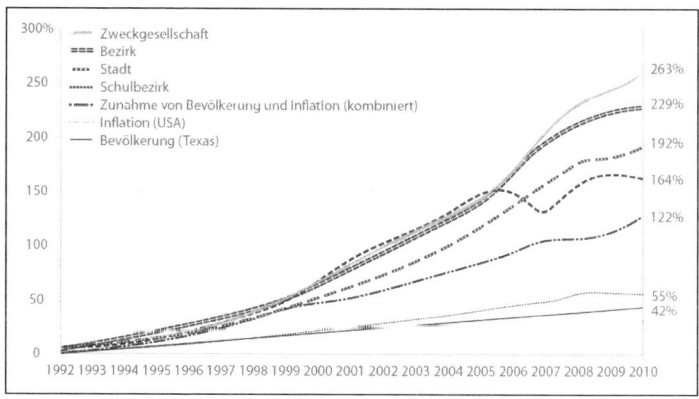

Quelle: http://www.texastransparency.org/Special_Features/Reports/ pdf/TexasItsYourMoney-TaxingFacts.pdf

In Teil 2 dieses Buches sprachen wir über subtile Finanz-repression – Maßnahmen, die der Staat verwendet, um Geld-mittel zu sich zu führen, die weniger auffallen als Steuerer-höhungen. In fast allen Ländern der westlichen Welt steigen indirekte Kosten, wie Ausbildung, Versorgerpreise, staatliche Gebühren, wesentlich schneller als die allgemeine Inflations-rate. Das passiert in der Regel auf kommunaler, regionaler und nationaler Ebene. Die oben abgebildete Grafik illustriert solch einen Fall am Beispiel des Bundesstaates Texas. Wäh-rend das allgemeine Preisniveau, bevölkerungsadjustiert über eine 18-jährige Spanne um 122 Prozent gewachsen ist, ist das Preisniveau für staatliche Leistungen um 212 Prozent gestie-gen ist. Lassen Sie sich nicht täuschen auch die Nebenkosten bei uns steigen seit Jahrzehnten wesentlich schneller als die allgemeine Inflationsrate. Hier werden Sie subtil enteignet.

SCHLUSSWORT

»Die wenigen, die das System verstehen, werden dermaßen an seinen Profiten interessiert oder so abhängig von seinen Vorzügen sein, dass aus ihren Reihen niemals eine Opposition hervorgehen wird. Die große Masse der Leute aber, geistig unfähig zu begreifen, wird seine Last ohne Murren tragen, vielleicht sogar ohne je Verdacht zu schöpfen, dass das System ihnen feindlich ist.« — Gebrüder Rothschild, London 1863, Rothschild-Bankendynastie.

Das Buch hätte ich mir eigentlich sparen können. Die Gebrüder Rothschild haben den Geldadel/Politik-Filz und alle damit verbundenen Konflikte in wenigen Zeilen bestens beschrieben. Aber ich möchte nicht Kläger sein, sondern Sie wachrütteln. Deswegen wirke ich teilweise provokativ, derb und polemisch. Die Zeit für schöne, akademische Abhandlungen, die uns zu Tode langweilen und die keiner versteht, muss vorbei sein. Die Lage ist viel zu ernst! Jetzt sind klare Worte angesagt. Sie müssen verstehen, wie das Spiel läuft. Und es ist besser, wenn Sie es von einem ehemals rücksichtslosen Insider hören, als von einem weltfremden Theoretiker. Und wenn Sie verstehen, was ich hier schreibe, hoffe ich, dass Sie sich vorbereiten. Sie haben es verdient, fair und ehrlich behandelt und nicht wie ein Opferlamm abgeschlachtet zu werden. Ich hoffe, dieses Buch schlägt Wellen. Ich freue mich schon auf die Kritiker. Denen stelle ich mich mit größter Begeisterung. Sollen sie mich doch persönlich angreifen und unter die Gürtellinie schlagen. Das bin ich gewohnt. Ich kann ganz gut einstecken. Die faktischen Auseinandersetzungen gewinne ich allemal. Viel wichtiger ist es, dass Sie sich schützen, und anfangen, den Müll, der Ihnen als Lösung aufgetischt wird, als leeres Politgefasel zu erkennen. Die Politiker spielen nur noch auf Zeit, und das auf Ihre Kosten. Das End-Spiel hat begonnen. Gehören Sie zu den Gewinnern. Ich wünsche Ihnen viel Glück und Erfolg. Let the games begin.

Florian Homm

Glossar

Absolute Capital Management Holding (ACMH) — Eine 2001 von Florian Homm gegründete Hedgefondsgesellschaft mit Sitz auf den Cayman-Inseln

Asiatische Infrastrukturinvestmentbank (AIIB) Entwicklungsbank, die im Jahr 2014 als Gegenpol zum Internationalen Währungsfonds (IWF) und der Weltbank gegründet wurde

Aktiva — Summe der Vermögenswerte, die eine Privatperson, ein Unternehmen oder ein Land besitzt

Aktie — Anteil an einer Aktiengesellschaft (AG), die durch Ausgabe von Anteilsscheinen Kapital beschafft

Anleihe — Verzinsliches Wertpapier, das der Kapitalbeschaffung für Unternehmen oder Staaten dient

Babyboomer — Mensch, der in den Jahren mit hohen Geburtenraten (1945 bis 1964) geboren wurde

Bail-out — Unternehmen, Staat oder Individuum, das durch Schuldenübernahme eine Unternehmung vor Zahlungsausfall bewahrt

Baissier — Person, die auf fallende Kurse spekuliert

Belegschaftsaktien — Aktien, die von einer Aktiengesellschaft an ihre eigenen Mitarbeiter unter Börsenkurs verkauft werden

Bilanz — Zum Ende eines Geschäftsjahres erstellte Gegenüberstellung von Einnahmen (Aktiva) und Ausgaben (Passiva)

Bonität — Maßstab, um die Kreditwürdigkeit eines Schuldners bzw. Anleiheemittenten zu bewerten; je kreditunwürdiger der Schuldner, desto höher sind die zu zahlenden Zinsen

Bretton-Woods-System — 1944 unterzeichneter Vertrag, der einen fixen Wechselkurs zwischen dem US-Dollar und den anderen Währungen festlegte; der Dollar war an Gold gekoppelt (35 USD pro Unze); endete 1973

Bruttoinlandsprodukt (BIP) — Wert aller in einem Land erbrachten Wirtschaftsleistungen (Waren und Dienstleistungen) in einer Periode (in der Regel ein Jahr)

Bruttonationaleinkommen (BNP) — Summe aller Güter und Dienstleistungen, die während einer Periode (in der Regel ein Jahr) von Inländern (Bewohner eines Staates) produziert werden, unabhängig davon, ob die Einnahmen im In- oder Ausland erzielt wurden

Call — Kaufoption, bei der ein Wertpapier zu einem bestimmten Zeitpunkt zu einem festgelegten Preis erworben werden kann

Cashflow — Differenz der Einnahmen und Ausgaben; Geldzufluss innerhalb eines Zeitraums

Collaterized Debt Obligation (CDO) — Anleihen, in denen vor allem Hypothek- und Kreditforderungen in Form von Wertpapieren verbrieft werden

Collaterized Loan Obligations (CLO) — Anleihen, die insbesondere Firmenkredite in Form von Wertpapieren verbriefen

Deutscher Aktienindex (DAX) — Börsenverzeichnis mit den 30 größten und umsatzstärksten Unternehmen in Deutschland, die an der Frankfurter Börse notiert sind

Debitor — Schuldner; Kreditnehmer

Deflation — Abnahme des allgemeinen Preisniveaus über einen längeren Zeitraum. Positive Deflation gibt es, wenn eine hohe Produktivität zu niedrigeren Güterkosten führt und die Gehälter stabil blieben oder unterproportional fallen. Bei der positiven Deflation ist die Verschuldung der Firmen, der Staaten oder der privaten Haushalte minimal oder nicht vorhanden. Negative Deflation ist ein Umfeld, in dem eine sehr hohe Verschuldung besteht. Die Unternehmensgewinne, Steuereinnahmen und Einkommen fallen schneller als Güter und Dienstleistungen. Der Schuldenberg belastet, weil er mit weniger Einkommen bedient beziehungsweise getilgt werden muss.

Depotbank — Kreditinstitut, das Wertpapiere verwahrt und verwaltet

Depression — Absturz der wirtschaftlichen Gesamtentwicklung durch steigende Arbeitslosigkeit, sinkende Einkommen, fallende Preise sowie Rückgang des Sozialprodukts

Derivat — Finanzprodukt, das aus einem Basisinstrument (zum Beispiel Aktie) abgeleitet wird und von dessen (Preis-) Entwicklung abhängig ist; Beispiele für Derivate sind Optionen, Futures, Zertifikate, et cetera

Dividende — Anteil des Gewinns, den eine Aktiengesellschaft an ihre Aktionäre auszahlt

Emittent — Institution oder Person, die Wertpapiere in Form von Aktien, Anleihen oder Optionen ausgibt

Elastizität — Wert, der die Preisempfindlichkeit von Konsumenten misst

Exchange Traded Funds (ETF) — An einer Börse gehandelter Investmentfonds

Federal Reserve Bank (FED) — Zentralbank der Vereinigten Staaten; in diesem Buch bezeichnet als »Private Reserve Bank (PRB)« in Anspielung auf ihre private Inhaberschaft

Fiatgeld — Geld ohne Einlösungsverpflichtung (zum Beispiel in Form von Gold oder Silber); Objekt ohne intrinsischen Wert

Finanzrepression — Interventionen beziehungsweise Maßnahmen, durch die der Staat Geldmittel von Anlegern zu sich führt

Fiskalpolitik — Zur Verfügung stehende Maßnahmen eines Staates, um in die Konjunktur- und Wachstumspolitik einzugreifen

(Investment-)Fonds — Ansammlung von Kapital, das der *Fondsmanager* investiert, um eine größtmögliche **Rendite** zu erwirtschaften

Future — Standardisiertes Wertpapiergeschäft, das für beide Parteien zu einem bestimmten Zeitpunkt zu einem festgelegten Preis verpflichtend ist

Geldentwertung — Kaufkraftminderung; oft infolge von

Inflation Gini-Koeffizient — Maß zur Bewertung der Einkommensverteilung

Gläubiger — Kreditor; Geldgeber

Goldstandard — Währungssystem, in dem Gold als Gegenwert zum Papiergeld dient

Haussier — Person, die auf steigende Kurse spekuliert

Hedgefonds — **Investmentfonds**, der in Bezug auf die Anlagepolitik weniger gesetzlichen Regularien unterliegt

Hyperinflation — Schnelle (ab circa 20 Prozent Inflationsrate pro Jahr) Zunahme des allgemeinen Preisniveaus

Hypothek — Grundpfandrecht, in dem der Hypothekennehmer meist Geldmittel im Austausch für Rechte an einer Immobilie erhält

Inflation — Zunahme des allgemeinen Preisniveaus über einen längeren Zeitraum

Interinvest — Spezialinvestmentvehikel für eine begrenzte Anzahl an Investoren; gegründet von Florian Homm während seiner Zeit am Harvard College

Investmentbank — Bank, die auf Investmentgeschäfte (Wertpapiere, Immobilien etc.) spezialisiert ist

Internationaler Währungsfonds (IWF) — 1945 gegründete Sonderorganisation der Vereinten Nationen mit dem Ziel, insbesondere die Zusammenarbeit in Währungsfragen zu fördern

Junk Bonds — Risikoreiche Anleihen mit überdurchschnittlich hoher Verzinsung

Klumpenrisiken — Eine Häufung von Risiken, weil z.B. (Geld) Forderungen gegenüber anderen Unternehmen bestehen, die alle nur einer bestimmten Branche oder Region angehören. Gerät ein Unternehmen in Schwierigkeiten ist es aufgrund der Ähnlichkeit der Unternehmen wahrscheinlich, dass auch die anderen Unternehmen Probleme bekommen.

Konsolidierung — Vereinheitlichung der Einzelabschlüsse in einem umfassenden, aussagefähigen Konzernabschluss

Leerverkauf (short sale) — Verkauf von Wertpapieren, wie zum Beispiel Aktien, Anleihen et cetera, auf Leihbasis, über die der Verkäufer/Spekulant zum Verkaufszeitpunkt nicht verfügt

Leitzins — Von einer Noten- oder Zentralbank festgelegter Zinssatz, zu dem sich eine Geschäftsbank Kapital beschaffen beziehungsweise sich refinanzieren kann

Liquidität — Fähigkeit eines Unternehmens, Zahlungsverpflichtungen durch flüssige Mittel, wie Bargeld, jederzeit fristgerecht nachzukommen

Lobbyismus — Interessenvertretung und Einfluss von einzelnen oder mehreren Interessengruppen auf politische und gesellschaftliche Entscheidungen

MBA (Master of Business Administration) — Postgradueller Studienabschluss, der eine praxisnahe wirtschaftliche Managementausbildung vermittelt

New Economy — Bezeichnung für einen aufstrebenden Wirtschaftszweig, welcher stark durch informationstechnologiebasierte Produkte geprägt wird; Gegenpol zur Old Economy, die auf Warenproduktion ausgerichtet ist

Nikkei 225 — Japanischer Aktienindex, bestehend aus den 225 der bedeutendsten Aktien (Pendant zum DAX); gleichzeitig wichtigster Aktienindex Asiens

Nostrogeschäfte — Wertpapiergeschäfte, die die Bank auf eigene Rechnung und eigenes Risiko statt im Auftrag eines Kunden abschließt

Organization of the Petroleum Exporting Countries (OPEC) — Weltweiter Zusammenschluss erdölexportierender Staaten mit dem Ziel und der Strategie, Preis- und Mengenabsprachen zu treffen und die Erdölförderung zu regulieren

Optionen — Finanzinstrumente beziehungsweise Derivate; mit dem Kauf einer Option erwirbt der Käufer das Recht, diese Option (zum Beispiel eine Aktie) zu einem vorher festgelegten Preis zu einem bestimmten späteren Zeitpunkt zu kaufen (Call) oder zu verkaufen (Put)

Passiva — Bildet auf der rechten Seite einer Unternehmensbilanz die Kapitalherkunft eines Unternehmens ab, wie zum Beispiel Eigenkapital, Verbindlichkeiten, et cetera

Portfolio — Zusammenfassung beziehungsweise Gesamtheit des Vermögens und der Investition einer Person oder eines Unternehmens, bestehend aus verschiedenen Werten, zum Beispiel Immobilien, Aktien, et cetera

Private Equity (Außerbörsliches Eigenkapital) — Form der Unternehmensfinanzierung beziehungsweise Unternehmensbeteiligung, welche nicht an der Börse handelbar ist. Der Kapitalgeber erwirbt für einen definierten Zeitraum Unternehmensanteile, um sie nach aktivem »Managen« mit möglichst hoher Rendite wieder abzustoßen

Publikumsfonds — Investmentfonds, welcher von privaten und institutionellen Investoren erworben werden kann; Spezialfonds hingegen sind nur einem begrenzten Anlegerkreis vorbehalten

Quantitative Lockerung (Quantitative Easing) — Form expansiver Geldpolitik durch Ankauf von Staatsanleihen oder Wertpapieren durch eine Zentralbank; Ziel ist die Belebung der Konjunktur und unmittelbare Weiterleitung von Geld in die Finanzmärkte

Raider — Finanzinvestor, welcher sich durch eine Mehrheitsbeteiligung in ein meist unterbewertetes beziehungsweise unprofitables Unternehmen einkauft und dadurch Entscheidungsmacht erlangt; in den Medien oft auch *Unternehmensplünderer* oder *Heuschrecken* genannt

Restrukturierung — Prozesse und Maßnahmen zur Verbesserung, Umgestaltung und Wiederherstellung angeschlagener Unternehmen

Rendite (Return) — Erwirtschafteter Ertrag, den ein Investment abwirft; stellt das Verhältnis zwischen eingezahltem und ausgezahltem Kapital dar

Rezession — Konjunkturphase, in welche das Wirtschaftswachstum stagnierende oder rückläufige Zahlen aufweist; Vorstufe einer Depression

Rückstellungen — Höhe und Fälligkeit der Verbindlichkeiten eines Unternehmens, welche noch ungewiss sind

RUF (Revolving Underwriting Facility) — Große Kreditzusagen auf Abruf

S&P 500 (Standard & Poor's 500) — Neben Dow-Jones wichtigster US-amerikanischer Aktienindex, welcher die 500 größten börsennotierten amerikanischen Unternehmen umfasst

Schattenwährung — Währung einer Branche, welche nicht die offizielle Staatswährung darstellt

Schwarzer Schwan (Black Swan) — Seltenes, unvorhergesehenes und höchst unwahrscheinliches Ereignis, welches (wirtschaftliche) Entwicklungen maßgeblich beeinflusst

Spin-off — Ausgliederung eines bestehenden Teils eines Unternehmens als eigenständige Firma; im Gegenzug erhalten Aktionäre Aktien des neuen Unternehmens gratis oder das Recht, diese zu kaufen

Stagflation — Auftreten von hoher Arbeitslosigkeit, steigenden Preisen sowie schwindender Kaufkraft in Kombination mit Stillstand des Wirtschaftswachstums

Track Record — Beschreibt eine individuelle chronologische Auflistung und Referenz über die Erfolge von getätigten Investitionen eines Investors, Managers etc.

»Too big to fail« (»Zu groß, um zu scheitern«) — Bezeichnung von systemrelevanten Unternehmen, primär Finanzinstitute und Banken, deren Insolvenz nicht hinnehmbar ist

TTIP (Transatlantic Trade and Investment Partnership) — (In Verhandlung befindliches) Transatlantisches Freihandelsabkommen zwischen EU und USA

Universalbank — Bank beziehungsweise Institut mit möglichst breitem und umfassendem Angebot an Bankleistungen

Value Investing (Wertorientiertes Anlegen) — Anlagestrategie, bei der ein Investor die Aktie eines Unternehmens unter oder über ihrem Realwert kauft oder verkauft

Venture-Capital (Risiko- beziehungsweise Wagniskapital) — Form der Unternehmensfinanzierung beziehungsweise Unternehmensbeteiligung mit sehr hohem Risiko, welche nicht an der Börse handelbar ist; Fokus der Investition liegt auf

Unternehmen, welche sich in der Gründungs- beziehungsweise Startphase befinden.

Verbindlichkeit — Verpflichtungen beziehungsweise Schulden eines Unternehmens gegenüber Dritten; im Gegensatz zu Rückstellungen sind Höhe und Fälligkeit der Verbindlichkeiten bekannt

Value Management & Research AG (VMR AG) — 1993 durch Florian Homm gegründetes, internationales Investmentbanking-Konglomerat

Volatilität —Maß, um Kursschwankungen innerhalb eines Zeitraums anzugeben

Voll investiert – Alle flüssigen Geldmittel sind in einer oder mehreren Anlageklassen angelegt

Weltreservewährung — International bedeutsame Währung, an der sich andere Staaten bei Währung- und Transaktionskursen richten; auch Leitwährung genannt

Zins — Gebühr, die der Schuldner zuzüglich zur Rückzahlung des Kredits zahlt

Zinsoption — Vereinbarung zwischen zwei Parteien, die dem Käufer der Option das Recht gibt, ein zugrundeliegendes festverzinsliches Wertpapier zu einem fixierten Preis zu kaufen

ÜBER FLORIAN HOMM

Dr. h.c. Florian Homm, MBA, ist ehemaliger Basketball-Nationalspieler (Junioren), Sonderbotschafter und UNES-CO-Delegierter, Bestsellerautor, zweifacher Harvard-Absolvent, Serienunternehmer, ehemaliger Investmentbanker und mehrfach ausgezeichneter Fonds- und Hedgefonds-Manager. In der Kapitalmarktszene zählte er über zwei Jahrzehnte zu den schillerndsten, erfolgreichsten, kontroversesten und politisch vernetzten Akteuren. Florian Homm gründete im Alter von 18 Jahren während seines Harvard-Studiums seine erste Investmentgesellschaft. Mit 22 Jahren arbeitete er bei Merrill Lynch als Investmentbanker und Aktienanalyst und war als Spitzenverkäufer für US-Finanzprodukte in Lateinamerika und Europa tätig. Zwischen 1987 und 1990 arbeitete er für Fidelity, die größte Fondsmanagement-Gesellschaft der Welt, und den wohl bekanntesten Fondsmanager der zweiten Jahrhunderthälfte des 20. Jahrhunderts: Peter Lynch. Mit 29 gehörte er zu den jüngsten Bankdirektoren Deutschlands. Mit 31 war er Geschäftsführender Gesellschafter innerhalb der Tweedy, Browne Gruppe, die zu den angesehensten und erfolgreichsten Value-Investoren weltweit gehört. 1993 gründete er die Value Management and Research AG (VMR), die an der Frankfurter Wertpapierbörse einen Börsenwert von circa 700 Millionen DM erreichte. 2001 gründete er eine Hedgefonds-Gesellschaft (ACMH), die fünf Jahre später zu den zehn größten Hedgefonds in Europa zählte und mit einem Spitzenwert von circa einer Milliarde Euro an der Londoner Börse gehandelt wurde. Homm wurde wegen seiner legendären und erfolgreichen Baissespekulationen und seinen zahlreichen feindlichen Aktionen gegen Firmen von den Medien unter anderem als Gentleman-Kurskiller, der Plattmacher, Raider (Räuber) und sogar als Antichrist der Finanzwelt (Erich Sixt) bezeichnet. Florian Homm erhielt zwischen 1988 und 2006 etliche nationale und internationale Auszeichnungen als bester Fonds-und Hedgefonds-Manager. 2007 führte das *Manager Magazin* Florian Homm in der Liste der reichsten Deutschen. Für die Jahre 2004 bis 2007 wirft ihm die amerikanische Justiz Kursmanipulation und schweren Betrug vor. Im März 2013 wurde er in Italien aufgrund eines Interpol Haftbefehls inhaftiert. Seit seiner Freilassung aus der italienischen Auslieferungshaft im Juni 2014 steht Homm auf der FBI Most Wanted List. Da gegen ihn in Deutschland strafrechtlich nichts vorliegt, und weil amerikanische und Schweizer Behörden keine Anklage gegen ihn in Deutschland erhoben haben, lebt er im Großraum Frankfurt und widmet sich größtenteils karitativen und gemeinnützigen Aufgaben, zudem agiert er als erfolgreicher Autor und Berater. Florian Homm gilt seit mehr als einem Vierteljahrhundert als berüchtigter Kapitalmarkt-Insider. Seine herausragende Performance in schlechten Börsenphasen ist ausführlich dokumentiert.

Für mehr Informationen zu Florian Homms Leben lesen Sie seine Bestseller-Autobiographie *Kopf Geld Jagd* und die Fortsetzung *225 Jahre Knast*.

Florian Homm ist über die folgenden Webseiten erreichbar: www.diezweitemeinung.eu und www.florianhomm.org.

Projekte

> ➤ Die Zweite Meinung http://www.diezweitemeinung.eu

> ➤ Florian Homm — Persönliche Website http://www.florianhomm.org

Buchempfehlungen

Nassim Nicholas Taleb: Narren des Zufalls. Die unterschätzte Rolle des Zufalls in unserem Leben

Nassim Nicholas Taleb: Der Schwarze Schwan: Die Macht höchst unwahrscheinlicher Ereignisse

Nassim Nicholas Taleb: Kleines Handbuch für den Umgang mit Unwissen

Nassim Nicholas Taleb: Antifragilität: Anleitung für eine Welt, die wir nicht verstehen

Theodore Dreiser: Der Finanzier

Egon Cäsar Conte Corti: Die Rothschilds. Des Hauses Aufstieg, Blütezeit und Erbe.

Edward Chancellor: Devil Take the Hindmost: A History of Financial Speculation

BOOM, GLOOM AND THE NEW NORMAL http://www. new-normal.com/wp-content/uploads/2013/02/Boom-Gloom-and-the-New-Normal.pdf

Kopf Geld Jagd

Florian Homm

Sein Ruf ist legendär. Sein Leben ein Abenteuer. Seine Häscher gnadenlos. Florian Homm. Ein Zweimeterhüne. Ein Plattmacher. Ein skrupelloser Hedgefonds-Manager. Einer, der mit gerade einmal 26 Jahren für südamerikanische Regierungen und Vermögende Millionen bewegte. Wie im Rausch pflügte Florian Homm mit brutaler Effizienz durch sein Leben, das im kleinen Oberursel begann und ihn über Harvard ins Herz der Finanzmärkte führte. Gleichermaßen brillant und charismatisch beginnt er seinen kometenhaften Aufstieg im härtesten Business der Welt. Im Laufe seiner Karriere verdiente er am Bankrott der Bremer Vulkan-Werft, sanierte den Fußballklub Borussia Dortmund und wurde in Venezuela niedergeschossen. Doch auch dann, dem Tod nur knapp entronnen, gibt es für Florian Homm nur eine Richtung: die Flucht nach vorne. Bis ihn sein rücksichtsloses Leben plötzlich einholt.

368 Seiten | Hardcover mit Schutzumschlag | 19,99 € (D) | ISBN 978-3-89879-788-7

225 Jahre Knast

Florian Homm

53 Jahre und 153 Tage in Freiheit. Doch jetzt soll er 225 Jahre ins Gefängnis. Florian Homm. Der Zweimeterhüne, „Plattmacher" und einstige skrupellose Hedgefonds-Manager. Von seinen Häschern verfolgt kommt es in Florenz zum Showdown: Er wird vor den Augen seiner Familie entführt und ins Florenzer Gefängnis Sollicciano gebracht. Die Strippen ziehen die US-Justiz und das FBI, die Homm um jeden Preis in den Vereinigten Staaten vor Gericht stellen wollen. Die Folgen sind selbst für Homm, der im härtesten Business der Welt zuhause war und in Venezuela niedergeschossen wurde, die Hölle: soziopathische, allmächtige Gefängniswärter, die Häftlinge wie menschenverachtende, sadistische Sklaventreiber behandeln. Korruption, Selbstverstümmelungen, gewalttätige Auseinandersetzungen, Selbstmordversuche und Drogenmissbrauch sind unter den Häftlingen an der Tagesordnung. Doch Homm nimmt den Kampf auf. Von seiner Familie und früheren Weggefährten verlassen, an MS erkrankt und unter ständiger Angst, doch an die USA ausgeliefert zu werden, kämpft er um sein Leben. Was folgt ist ein Thriller. Die lang erwartete Fortsetzung des Spiegel-Bestsellers "Kopf Geld Jagd".

368 Seiten | Hardcover mit Schutzumschlag | 19,99 € (D) | ISBN 978-3-89879-788-7